Uwe Mares/Reinhart Winkler

Windsurfing

Uwe Mares/Reinhart Winkler

Windsurfing

So wird's gemacht

Der Segelsurfschein des DSV
und Windsurfing-Grundschein des VDWS

Verlag Delius, Klasing + Co Bielefeld

7. korrigierte Auflage

ISBN 3-7688-0205-1

Printed in Germany 1979
Umschlagfoto: Kurt Schubert
Gestaltung: Siegfried Berning
Bildnachweis: Archiv Seite 72
Michael Garff Seiten 14, 82
Uwe Mares Seite 60, Rücktitel
Reinhart Winkler Seiten 12, 18, 19, 20, 26, 29, 32–33, 34, 39, 40–41, 44, 52, 53, 54, 55, 57, 63, 65, 66, 68, 69, 70, 71, 78, 103, 106, 114
Hans Wagner Seiten 27, 28
Gesamtherstellung: Druckerei Ludwig Auer, Donauwörth

INHALTSVERZEICHNIS

VORWORT

Seit dem ersten Erscheinen dieses Buches 1975 hat sich in der Windsurfingszene vieles grundlegend verändert. Waren damals die Brettsegler noch vielbestaunte Einzelerscheinungen, so setzte inzwischen ein nachhaltiger Windsurfingboom ein, ablesbar an hohen Verkaufsziffern und vielen Schulneugründungen, und verhalf in kurzer Zeit der neuen Sportart zu ungeahntem Bekanntheitsgrad. Darüber hinaus aber geschah ein qualitativer Sprung in vielerlei Hinsicht. So zeigt heute

das Gerät	über 60 Typen allein auf dem deutschen Markt, dazu umfangreiches Zubehör: primär an Segeln, Schwertern und Masten, sekundär an Hilfsgeräten wie Dachträgern, Transportgeräten, aber auch spezielle Modekleidung und viel Nippes
die Technik	neuartige Formen der Wende und Halse, Langstreckenrekorde (engl. Kanal, Skagerrak), eine nie geahnte Trickvielfalt als Show-Surfen, Windsurfen in schwerer Brandung und bis zu 8 Windstärken
die Regatta	neben den klassischen Dreiecksregatten neue, zuschauerfreundliche Brandungs- und Slalomregatten, Europa- und Weltmeisterschaften verschiedener Typen und Gewichtsklassen der Surfer
die Organisation	mehrere Klassenvereinigungen und Windsurfingverbände
das Recht	leider eine Reihe amtlicher Revierverbote für Windsurfer; allgemein die juristische Gleichstellung mit dem Segeln; mehrere Windsurfing-Scheine
die Sprache	neben dem von der Ursprungsmarke stammenden Ausdruck „Windsurfing" die offizielle Bezeichnung des DSV „Segelsurfing"

Eine entscheidende Neuerung ist die Einführung eines „Segelsurfscheins" durch den DSV, dessen Forderungen in der „Segelsurfscheinvorschrift des Deutschen Seglor-Verbandes vom 24. Oktober 1976" und entsprechender Durchführungsvorschriften formuliert sind. In deutlicher Anlehnung an die langjährig bewahrten Segelscheine bedeutet dies einen umfassenden Vorstoß in dem Versuch, ein Surf-Durcheinander und mögliche Gefährdungen des Wasserverkehrs durch Surfer in geordnete Bahnen zu lenken, so daß sich behördliche Pauschalverbote erübrigen. Dieser Segelsurfschein fordert Kenntnisse

vor allem der Gesetzeskunde, der Wettsegelbestimmungen und der Wetterkunde, umfangreicher als bisher das Windsurfing-Grunddiplom der IWCA.
Dies bestimmt die neue Konzeption des vorliegenden Buches. Es bringt erstmalig eine an den Forderungen des Segelsurfscheins (SSS) orientierte Auswahl des Wissens, speziell auf den Segelsurfer zugeschnitten. Diese Auswahl erfolgte in enger Zusammenarbeit mit dem Verband Deutscher Windsurfing-Schulen (VDWS) und ist besonders in den Einzelheiten der Gesetzeskunde und der Wettsegelbestimmungen genauestens abgestimmt. Das IV. Kapitel: „Prüfungsstoff zum SSS des DSV" erscheint in diesem Buch also völlig neu.
Die vorliegende Neubearbeitung zielt auf den Anfänger, gleich ob er das Segelsurfen autodidaktisch oder in einer Surfschule lernt, gleich ob er die Prüfung zum Windsurfing-Grundschein oder zum SSS ablegen will. Der Schulungsteil wurde daher erweitert und auf den technisch neuesten Stand gebracht.
Das Kapitel „Konditionstraining" erschien nach der bisherigen Erfahrung weniger sinnvoll als vermutet und wurde ersatzlos gestrichen. Das beste Training für den Segelsurfer ist immer noch das Segelsurfen!
Auch die „Einführung ins Regattasegeln" mit den vorwiegend taktischen Hinweisen entfällt in dieser Neubearbeitung. Technik und Taktik des Regattasurfens sollen einer speziellen Darstellung vorbehalten bleiben. Neu aufgenommen wurden hingegen die grundlegenden Wettsegelbestimmungen. Unabhängig vom Prüfungscharakter dieses Buches zielt dieser Abschnitt ebenso auf den Fortgeschrittenenen, der vielleicht vom Segeln und also von den Wettsegelbestimmungen (WB) keine Ahnung hat, aber doch auf Surfregatten mittun möchte.
Auch Kapitel II: „Segelsurfen bei mittlerem Wind" wendet sich bereits an Fortgeschrittene. Der Surfer kann hier nach Erlernen der Grobform, nach bestandener Prüfung oder wenn ihn der Surf-Bazillus erfaßt hat, einige grundlegende Tips zum Starkwind- und Brandungssurfen ausprobieren, die nur als erste Einführung dienen soll.
Wir sind uns dabei im klaren über die grundsätzliche Problematik, Bewegungsabläufe verbal – hier sogar schriftlich – zu vermitteln. Natürlich soll der Windsurfing-Schüler nicht mit einem Buch in der Hand auf dem Brett Bewegungsanleitungen ausführen. Aber liest er zu Hause in Ruhe die Anleitung, durch Bilder veranschaulicht, so schafft die Eigenrealisation am Strand und auf dem Wasser eine Erfahrungsbasis, die die theoretische Darstellung erst eigentlich wirksam und die Surfsprache verständlich werden läßt. Aus dem stetigen Wechsel von theoretischer Orientierung im Buch und praktischem Anwenden und Ausprobieren auf dem Wasser versprechen wir uns den Lernerfolg, den wir jedem Segelsurfer wünschen. Besonderen Dank schulden die Verfasser den Herren Gerhard Falk (†) und Dieter Reinhold (beide Hamburg) vom VDWS für ihre Mitwirkung bei der Erarbeitung des Prüfungsstoffes.

EINLEITUNG

Windsurfing ist eine neuartige, spezielle Form des Segelsports, die auf geniale Weise das sagenhafte Wellensurfen mit dem herkömmlichen Segeln verbindet. Das Prinzip: ein nach allen Seiten beweglicher Mast und Steuerung durch Veränderung der Mastneigung, also ohne Ruder, ist keine Erfindung der Neuzeit, sondern vermutlich schon mehr als 1000 Jahre alt, wie man inzwischen weiß. Gewisse Naturvölker Polynesiens, wie alle Südseestämme bekannt durch ihre früh ausgeprägte Segelkunst, kannten in ihrer Vielfalt der Boots- und Segelformen bereits Fahrzeugtypen mit einem leicht beweglichen Mast, der das Fahrzeug neben einem kleinen Ruder vorwiegend durch Verlagerung des Segeldruckpunktes steuerte. Im Museum für Völkerkunde in Berlin ist solch ein Typ eines sogar hochseetüchtigen Segelbootes von den Santa-Cruz-Inseln mit einem Segel in Krebsscherenform zu sehen

Weiterhin kennt man noch heute brasilianische Küstenfischer, die wahrscheinlich schon vor 1000 Jahren mit Segelfahrzeugen aus Balsaholzstämmen und einem freistehenden Mast auf Fang fuhren. Dieses sogenannte Jangada-Floß fixiert den Mast durch verschiedene Lochhalterungen in unterschiedlichen Stellungen so, daß der Fischer allein durch den Grad der Mastneigung steuern kann und den Mast nur leicht mit der Hand unterstützt.

Die eigentliche Erfindung des Prinzips Segelsurfing aber blieb der Neuzeit vorbehalten. 1964 konstruierte Newmann Darby in den USA ein Segelbrett und versah es mit einem viereckigen Segel, auf die Spitze gestellt und von einem Mast und einer Spreizgaffel gehalten. Der Mast war durch einen Tampen beweglich mit dem Brett verbunden. Der Segler fing vor dem Mast stehend mit seinem Körper den Winddruck auf und steuerte durch Neigung des Riggs nach vorn oder hinten.

1966 baute der Münchner Rainer Schwarz ein Wellenbrett mit einer Handsegelvorrichtung, Surfboot oder Hawaii-Segler genannt. Das schmal und hoch geschnittene, krebsscherenförmige Segel wurde zwischen zwei Spieren gespannt und lose in eine Vertiefung des Brettes gestellt. Der auf dem Brett sitzende Segler mußte das Rigg fast völlig frei halten – zu mühsam, um sich durchzusetzen. Erst 1969 lösten die Amerikaner Jim Drake und Hoyle Schweitzer das entscheidende Problem, nämlich die Kombination von einer Art Kardangelenk für einen nach allen Seiten frei beweglichen Mast mit der Führung des Riggs durch einen Gabelbaum. Zusammen mit der Anwendung neuester Kunststofftechnologie für die Herstellung von Brett und Mast war damit das moderne Segelsurfing geboren.

Obwohl die einzelnen Elemente Wellenbrett, Spreizgaffel und Kardangelenk seit langem bekannt waren, ist seit März 1978 Hoyle Schweitzers Erfindung „Rigg für ein Segelbrett“ für die Bundesrepublik patentiert.

Was reizt am Segelsurfen?

Zuallererst die elementare Segelweise:

Dicht am Wasser; man steuert das Brett ohne Umweg über Pinne und Schot; dann die sportlich anspruchsvolle Kombination von notwendigem Krafteinsatz und Balancegefühl, die ihren Ausdruck in der besonderen Segeltechnik findet.
Zum weiteren entstehen keinerlei Liegeplatzprobleme mit ihren oft immensen Folgekosten. Der Aufwand beschränkt sich auf die Anschaffung des Gerätes. Zum Transport genügt statt eines Trailers das kleinste Autodach, und da als Reisegepäck auch im Flugzeug zugelassen (und auch bezahlbar), eröffnen sich weitreichende Surfperspektiven, zumal man auch auf kleinen Gewässern mit viel Spaß surfen kann. In fünf Minuten aufgetakelt, lohnt sich auch eine einzelne Stunde Freizeit zum Surfen. Ein Partner ist nicht notwendig, weder zum Transport noch beim Zum-Wasser-Bringen.
All dies ermöglicht eine Beweglichkeit, wie sie beim Segeln bisher völlig unbekannt und auch nicht möglich ist.
In stillem Wasser und wenn keine Gefahr des Abtreibens gegeben ist, kann das Brett aber auch als Badeinsel für die ganze Familie neuartige Reize entfalten.
Beweglichkeit, Unabhängigkeit, elementares sportliches Segelvergnügen bei vorteilhaften Anschaffungskosten, verglichen mit herkömmlichen Rennjollen – dies alles läßt das Segelsurfbrett bei näherer Betrachtung eigentlich konkurrenzlos reizvoll erscheinen. Aber worin liegt denn diese elementare Segelweise begründet?
Jedes Segelsurfbrett ist einerseits ein höchst einfaches Gerät, andererseits aber mit konstruktiven Eigenschaften versehen, von denen die Konstrukteure im Yachtsport nur träumen können:

- Der Segelsurfer steuert durch Veränderung der Mastneigung und fährt dadurch immer in völlig ausbalanciertem Zustand, ohne Verluste durch Ruderkräfte.

- Der Segelsurfer segelt immer auf ebenem Kiel, Krängung kennt er nicht. Das Segeln auf der Konstruktionswasserlinie aber ist optimale Voraussetzung zum Gleiten.

- Der Segelsurfer kann sich auf der Stelle drehen und blitzschnell stoppen.

- Der Segelsurfer kann nicht kentern, dafür fliegt einfach das Rigg ins Wasser. Er hat auch keinen hohlen Rumpf, der etwa voll Wasser laufen könnte – das Brett schwimmt immer oben.

- Der Segelsurfer kann bei starkem Wind den Mast nach Luv ziehen und so, anstatt zu reffen, die projizierte Segelfläche verkleinern, ja sogar noch neben dem üblichen Vortrieb zusätzlich Auftrieb produzieren. So wird das Segelbrett zu einer Art Drachenflieger.

Alles in allem findet man hier ein Segelsystem, das bei größter Einfachheit der einzelnen Teile einen segeltechnischen Lek-

kerbissen darstellt – Eigenschaften, die dem Surfer allerdings nicht bewußt sein müssen, um an seinem Gerät Freude zu haben.
Aber nicht nur für Aktive, auch für Zuschauer ist Segelsurfen reizvoll: Persönlicher Krafteinsatz ist unmittelbar sichtbar, grobe Fehler werden auch für den Laien durch Stürze erkennbar, und wenn sonst Regattasegler weit draußen auf olympischen Dreiecksbahnen und in Zonen von ungestörtem Wind, aber zuschauerfern kämpfen, werden zum Beispiel Brandungsregatten der Segelsurfer im Kampf gegen Wind und Wellen zu einem hautnahen Erlebnis für den Zuschauer.

Windsurfing bei leicht ablandigem Wind in schöner, regelmäßiger Brandung – ein Hochgenuß.

Segelsurfen bei leichtem Wind

I

A Gerät und Ausrüstung

1. Das Gerät

Bevor Sie Ihr neues Brett zum Strand tragen und in Betrieb nehmen, lesen Sie die Anleitung des Herstellers genau durch, ebenso dieses Kapitel über das Gerät und die Ausrüstung. Probieren Sie zumindest die Knoten schon vorher aus, und halten Sie diese oder die Herstelleranleitung beim ersten Auftakeln am Strand bereit.

Die gebräuchlichen Bretter sind ca. 3,60 m lang und ca. 70 cm breit, ihr Gewicht beträgt um 22 kg. Als Sonderkonstruktion gibt es noch einen dreigeteilten Typ, der sich besonders für im Flugzeug Reisende anbietet. Zu zweit gesegelte Bretter nennt man Tandem. Tandemsegeln ist sicherlich sehr reizvoll, doch der Transport der über 6,50 m langen Bretter ist naturgemäß auf dem

Zwei Surfer und zwei Segel auf einem Brett: das Tandem

Autodach sehr problematisch. Auch hier gibt es einen Typ, der aus drei Teilen besteht und somit leichter transportiert werden kann. Außer einigen Spezialbauten aus Sperrholz wird ein Segelsurfbrett in der Regel aus glasfaserverstärktem Polyesterharz (GFK) oder aus Polyäthylen hergestellt. Der Rumpf ist voll ausgeschäumt und damit praktisch unsinkbar, auch in beschädigtem Zustand. Durch einen Schlitz in der Mitte des Brettes, den Schwertkasten, läßt sich ein ***Steckschwert*** einführen, das, nach unten ins Wasser ragend, die Abdrift beim Segeln verhindert. Es gibt kleine Schwerter zum Surfen in der Brandung, große für das Wettsegeln und Kombinationsschwerter, die man je nach Bedarf voll ausfahren oder nach hinten klappen kann. Die ***Heckflosse*** oder Finne ist (und bleibt) fest angeschraubt; sie stabilisiert die Geradeausfahrt, vergleichbar mit den Heckflossen bei Wasserskiern. Neu ist die Konstruktion eines Segelbrettes, bei dem auf die herkömmliche Unterwasserform, also Finne und Schwert, verzichtet wurde, das dafür aber eine lange, flach durchgezogene ***Kielflosse*** besitzt.

Besonderes Augenmerk widmen Sie der aufgerauhten Standfläche Ihres Brettes! Sie ist beim Surfen wichtigste Voraussetzung für einen sicheren, rutschfesten Stand. Sie muß sauber und fettfrei (z. B. von Sonnenöl) gehalten und vor dem ersten Benutzen eventuell einmal mit heißem Wasser abgewischt werden (Trennwachs der Form bei der Herstellung entfernen!). Erweist sich die Standfläche später beim

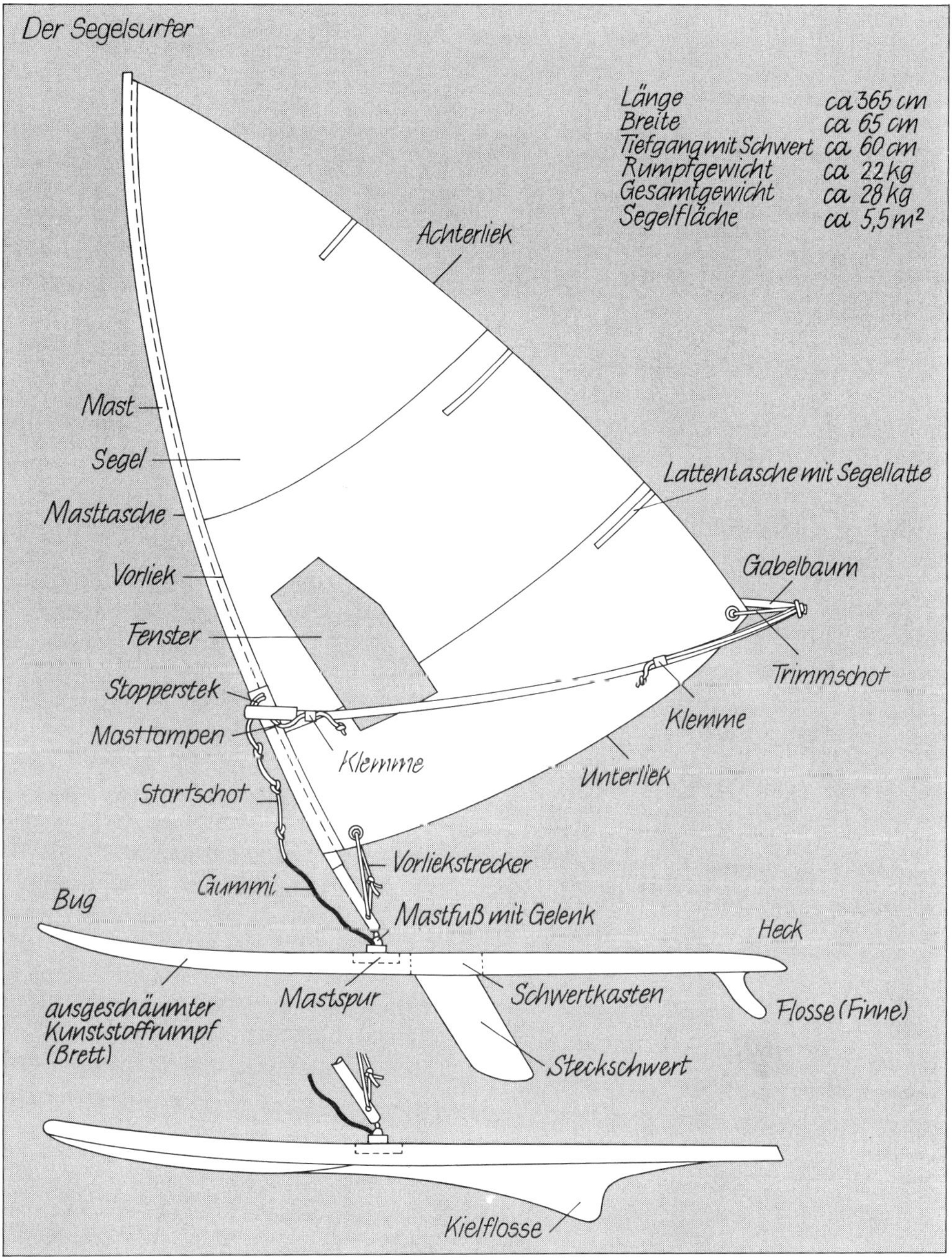
Der Segelsurfer
Länge ca 365 cm
Breite ca 65 cm
Tiefgang mit Schwert ca 60 cm
Rumpfgewicht ca 22 kg
Gesamtgewicht ca 28 kg
Segelfläche ca 5,5 m²
Achterliek
Mast
Segel
Masttasche
Lattentasche mit Segellatte
Vorliek
Gabelbaum
Fenster
Trimmschot
Stopperstek
Klemme
Masttampen
Klemme
Unterliek
Startschot
Vorliekstrecker
Gummi
Bug
Mastfuß mit Gelenk
Heck
ausgeschäumter Kunststoffrumpf (Brett)
Mastspur
Schwertkasten
Flosse (Finne)
Steckschwert
Kielflosse

Gebrauch immer noch als zu rutschig, probieren Sie entweder anderes Schuhwerk aus, oder aber wachsen Sie die Standfläche mit einfachem Kerzenwachs ein. Ihr Brett verschmutzt dann in diesem Bereich zwar leichter, wird aber wunderbar stumpf.
Setzen Sie Ihr Brett nicht unbedingt intensiver Sonnenbestrahlung aus; es heizt sich eventuell stark auf und kann sich unter Umständen verziehen, geht aber nach Abkühlung wieder in seine ursprüngliche Form zurück.
Bei Lagerung auf längere Zeit drehen Sie das Brett um und unterstützen es im hinteren und vorderen Drittel mit einer Holzleiste; so kann es nicht in der Mitte durchhängen.
Schwert und Finne (oder Kielflosse) geben dem Segelbrett beim Surfen einen seitlichen Widerstand im Wasser: Es erhält dadurch eine seitliche Führung. Schwert und Finne sind beim Surfen in flachen Gewässern oder bei Unterwasserhindernissen (Sandbänke, Steine) besonders stark gefährdet. Deswegen unterliegt gerade das Schwert einer gewissen Abnutzung. Sperrholzschwerter müssen immer rechtzeitig mit Bootslack nachlackiert werden, damit an den abgescheuerten Stellen kein Wasser ins Holz dringt und es allmählich aufweicht. Sind Sie einmal mit dem Schwert aufgelaufen, untersuchen Sie den Schwertkasten auf Risse hin, und reparieren Sie den Schaden, bevor Wasser in den Schaumkern gelangen kann. Bei Brettern mit durchgezogener Kielflosse ist diese Gefahr weitaus geringer.

Der ***Mast*** besteht entweder aus einem gewickelten Kunststoffrohr oder aber aus Aluminium. Alu-Masten zeichnen sich durch eine größere Robustheit aus. Ein GfK-Mast ist zwar empfindlich gegen Stöße und Schläge, besitzt aber eine außergewöhnliche Biegefähigkeit, die das Segel bei starkem Wind flachzuziehen erlaubt.
Der ***Gabelbaum*** besteht meist aus Aluminium, gelegentlich auch aus Holz und ist dann sehr schwer. Wir empfehlen, den Gabelbaum im Griffbereich von Mast- und Segelhand mit breitem Gummi- oder Lenkerband zu umwickeln, damit er griffig und rutschfest wird. Wichtig ist die sichere Schwimmfähigkeit von Mast und Baum – gerade für einen Anfänger, der sein Segel in der Regel mehr im Wasser als draußen hat. Kleben Sie notfalls die Verbindungsstellen zwischen Mast und Mastfuß (bei zweigeteiltem Mast zwischen den beiden Teilen), oben am Masttopp zwischen Mast und Schließpfropfen und ähnliches mit Tesaband sicher ab, so daß auch nicht das kleinste Tröpfchen Wasser in die Spieren eindringen kann.
Der Mast ist durch ein allseitig bewegliches ***Gelenk*** mit dem Brett verbunden, einer Kardan- oder Gummigelenk-Konstruktion. Dies Gelenk ist der am meisten beanspruchte Teil jedes Segelsurfbrettes. Halten Sie es sauber, vor allem sandfrei, und beachten Sie die Anleitung des Herstellers in diesem Punkt genau.
Das Normalsegel eines Segelsurfers ist 5,5 m^2 groß. Es besteht aus einem synthetischen und weitgehend verrottungsfesten

Material, sollte aber trotzdem immer trokken und gut zusammengelegt verstaut werden. Der Markt bietet inzwischen eine große Viefalt an Segelausführungen an. Einige haben zur Stabilisierung des rund geschnittenen Achterlieks ***Latten,*** andere haben ein gerade geschnittenes Achterliek und brauchen keine Latten. Neben dem Standardsegel gibt es größere für leichten Wind, besonders klein geschnittene Sturmsegel für starken Wind, auch gern von Kindern und Anfängern benutzt, und sogenannte Allroundsegel mit einem besonderen Schnitt, die auch bei starkem Wind noch gut zu halten sind. Wichtig ist ein genügend großes Fenster. Prüfen Sie ab und zu Nähte und Ösen Ihres Segels. Der rauhe Strandbetrieb, Scheuern über Steine, häufiges „Wässern", besonders in Salzwasser, strapazieren das Segel eines Segelsurfers mehr als das eines Segelbootes. Kleinere Reparaturen wie die einer aufgegangenen Naht oder eines kleinen Risses lassen sich mit Klebeband am Strand schnell beheben, müssen aber später fachgerecht in Ordnung gebracht werden. Vor einer längeren Lagerung spritzen Sie Schmutz und Salz vom Segel ab. Falten Sie es vom Unterliek her bahnweise übereinander, und rollen Sie dann das entstandene Rechteck von der Seite der Masttasche her auf.

2. Brett-Transport

Segelbretter werden über längere Distanzen eigentlich immer auf dem Autodach transportiert. Hat man das Glück, dicht am Wasser zu wohnen, kann man sich aus einem alten Kinderwagen-Fahrgestell einen Trailer zum Schieben bauen. Beim Autodachtransport ist unbedingt ein dafür konstruierter, stabiler Dachgepäckträger zu benutzen, der fest am Dach montiert sein muß. Beim Fahren über 80 km/h können erhebliche Auftriebskräfte am festge-

Ein so gefaltetes Segel besitzt eine längere Lebensdauer.

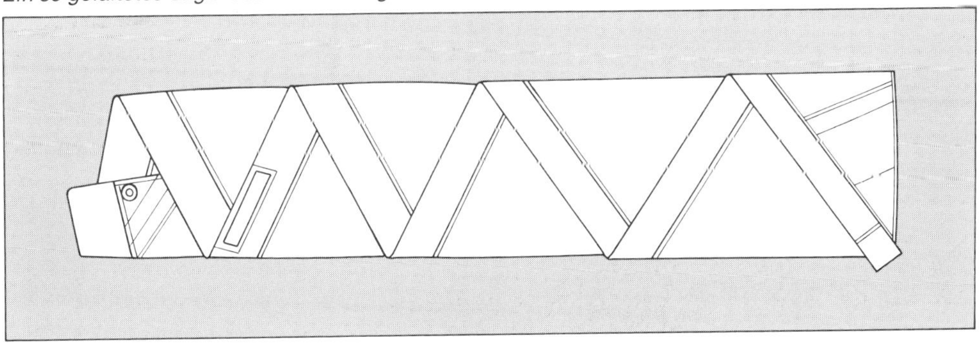

schnallten Brett auftreten. Das Brett wird mit dem Bug nach vorn und der Standfläche nach unten auf dem Autodach festgezurrt. Gutes Transportzubehör wie ein stabiler Dachträger und breite, sichere Gurte sind für einen Autodachtransport die unbedingte Voraussetzung.
Der Transport des Brettes zum Wasser ist denkbar einfach: Mit einer Hand im Schwertkasten kann es jeder unter dem Arm tragen. Wem dies zu wenig griffig ist, der steckt bereits am Strand das Schwert in den Schwertkasten und trägt das Brett mit einer Hand innen am Schwertkopf, mit der anderen außen am Schwert.
Grundsätzlich gilt: zuerst das ***Rigg*** (Einheit von Mast, Gabelbaum und Segel) ins Wasser tragen, dann das Brett. Das Rigg bleibt im Wasser auf der Stelle liegen, das Brett vertreibt.

3. Auftakeln

Eine detaillierte Bedienungsanleitung zum ***Auftakeln*** wird wahrscheinlich Ihrem Brett beiliegen. Trotzdem einiges Grundsätzliches zum Auftakeln eines Segelbrettes. Der ***Gabelbaum*** erfüllt mehrere Funktionen. Er stellt die Verbindung vom Surfer zum Rigg her und ist gewissermaßen die Griff- und Steuerstange des gesamten Systems. Zum anderen spannt er das Segel vom Mast nach hinten weg. Der ***Vorliekstrecker*** spannt das Segel nach unten zum Mastfuß hin. Zum Auftakeln stecken Sie den Mast von unten her in die ***Masttasche*** des Segels und schieben ihn bis oben hin durch. Dann legen Sie den Masttampen als Stopperstek um den Mast, natürlich innerhalb des Ausschnitts in der Masttasche. Nun legen Sie Mast und Segel in den Gabelbaum ein und binden Mast und Gabelbaum mit dem Masttampen fest zusammen, vielleicht mit 1–2 zusätzlichen Windungen.

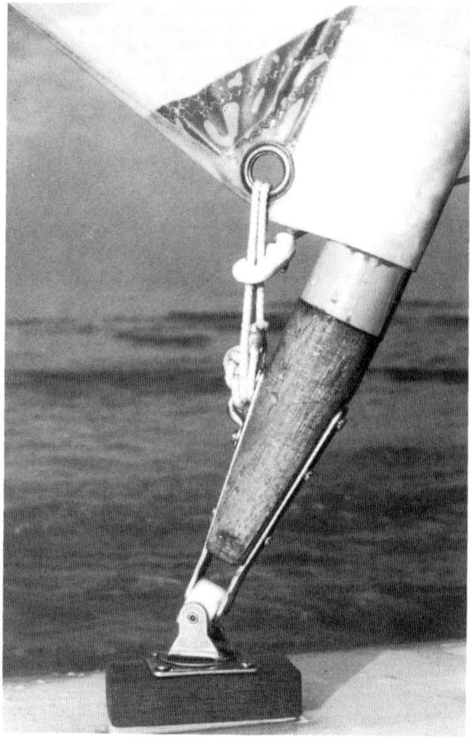

Kardangelenk und Vorliekstrecker.

Die ***Trimmschot*** wird zum anderen Gabelbaumende geführt und so dichtgeholt, daß der Mast eine leichte Biegung aufweist.

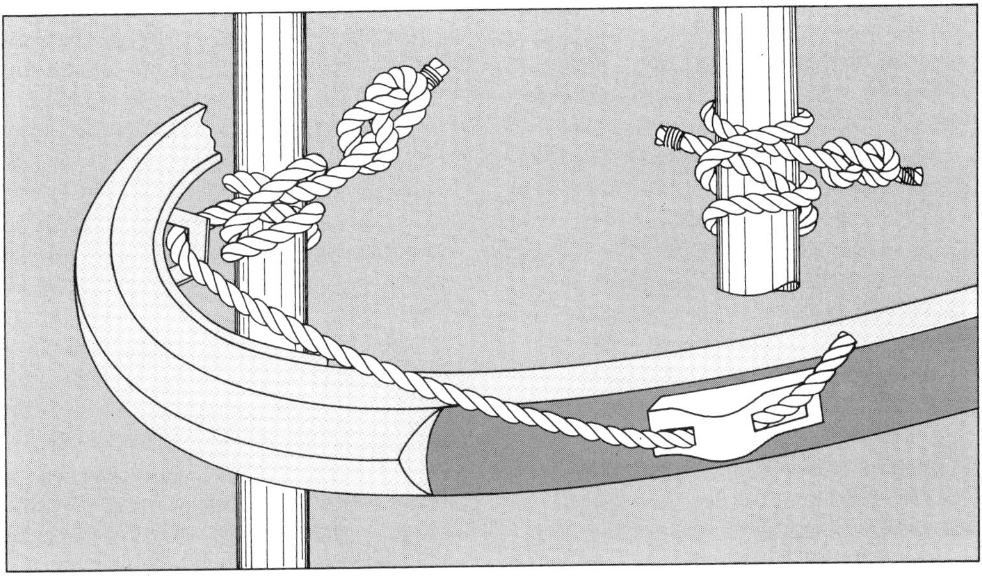

Der Masttampen – die Verbindung von Gabelbaum und Mast.

Die ***Startschot*** wird ebenfalls am Gabelbaum-Endbeschlag festgebunden und zum Mastfuß hin mit einem angeknoteten Gummiband gesichert. Diese Sicherung dient dazu, daß Sie zum Mastaufholen Ihre Startschot immer griffbereit haben. Falls Ihr Segel mit Segellatten ausgerüstet ist, müssen diese in die Lattentaschen ge-

So spannt man die Trimmschot.

steckt werden, bevor die Trimmschot gespannt wird. Versichern Sie sich noch einmal, daß alle Knoten gut festgezogen sind und die Strecker fest in den Klemmen liegen. Aufgegangene Verknotungen im Wasser wieder festzumachen, ist gerade für Anfänger sehr schwer. Jetzt können Sie Brett und Rigg durch das Hineinstecken des Gelenkes in die dafür vorgesehene Mastspur verbinden. Achten Sie immer darauf, daß Mastgelenk und Mastspur im Brett frei von Sand sind!

Viele Bretter haben noch ein Sicherungstau oder -gummi, das das Brett mit dem Rigg fest verbindet. Es stellt sicher, daß beim Lösen des Riggs vom Brett während des Surfens beide Teile nicht voneinander wegschwimmen können.

Das Rigg bauen Sie am einfachsten direkt am Wasser zusammen. Das fertig aufgespannte Rigg trägt man über kurze Entfernungen über dem Kopf, mit dem Mast zum Wind zeigend; die Hände fassen dabei an Mast und Gabelbaum an. Über längere Strecken spannt man das Segel noch nicht auf, sondern trägt das gesamte Rigg mit eingerolltem Segel, den Gabelbaum längs an den Mast geklappt, festgebunden mit Trimmschot und Startschot.

Das segelfertige Rigg trägt man über dem Kopf ins Wasser. Der Mastfuß muß dabei gegen den Wind zeigen – so trägt der Wind das Rigg.

4. Knoten

Für den Gebrauch beim Surfen unmittelbar notwendig sind folgende Knoten:

- ***Stopperstek:***

Zum Abstoppen einer Leine an einer anderen Leine oder Spiere; beim Rigg: Befestigung des Gabelbaums am Mast mit dem Masttampen.

- ***Palstek:***

Für eine feste Schlaufe (Auge); beim Rigg: Befestigung der Liekstrecker am Segel für das Vorliek und hinten am Gabelbaum.

- ***Rundtörn mit halbem Schlag:***

Für allgemeine Befestigungen jeglicher Art.

- ***Achtknoten:***

Am Ende eines Tampens, um ein Auslaufen aus einer Öse zu verhindern, sowie zur besseren Griffigkeit; beim Rigg: Ende der Liekstrecker, des Gummis an der Startschot, Startschot oberhalb des Baumdämpfers vorn am Gabelbaum.

Die hier abgebildeten Knoten sollten Sie auf jeden Fall beherrschen. Es sind echte Seemannsknoten, die sich einmal dadurch auszeichnen, daß sie, richtig geknüpft, auch wirklich halten und nicht von selbst aufgehen, zum anderen aber sich in nassem Zustand auch wieder lösen lassen. Wenn Sie die richtigen Knoten anwenden, sind Sie vor einem Auseinanderfallen Ihres Riggs während des Surfens sicher. Nasse, zusammengezogene Knoten der Marke Loreley („Ich weiß nicht, was soll es bedeuten") werden Sie nur mit einem Messer lösen können.

Noch ein Wort zu den Segelstreckern:

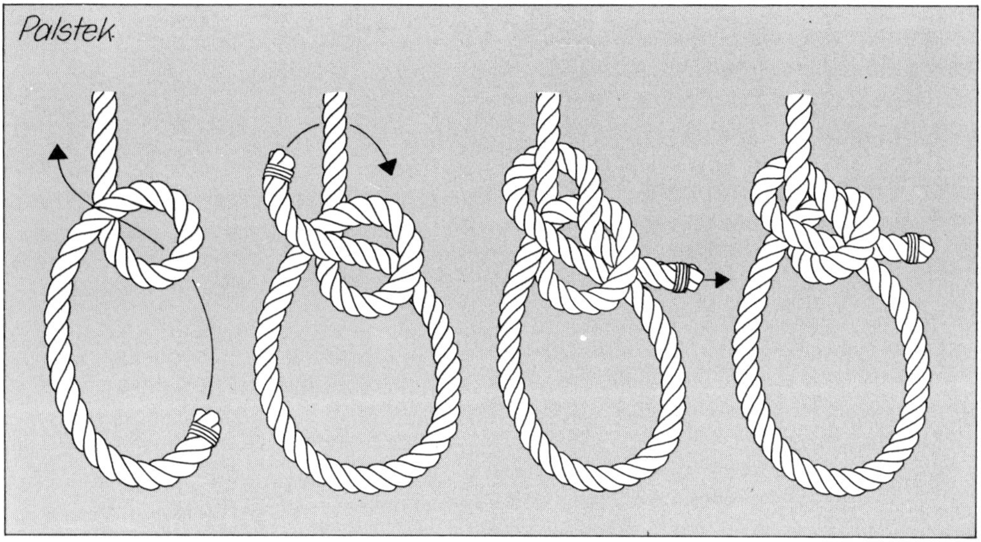

Palstek

Rundtörn mit halbem Schlag

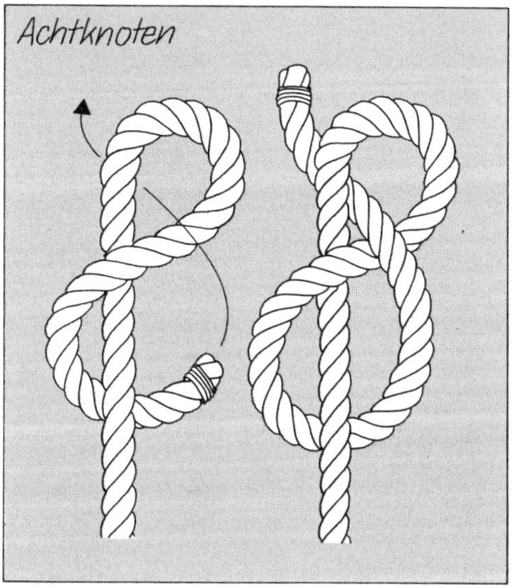

Achtknoten

Diese Teile, besonders der Masttampen, unterliegen einer starken Abnutzung. Vergewissern Sie sich vor dem Surfen, daß besonders der Masttampen in einem guten Zustand ist.

5. Kleidung und Schuhe

So wie jeder Sport verlangt auch das Surfen eine besondere Kleidung. Eine funktionelle Bekleidung ist natürlich in erster Linie von den klimatischen Verhältnissen abhängig. Unabhängig von den Temperaturen sollten Sie beim Surfen immer Schuhe tragen, damit Ihre Füße vor Verletzungen besser geschützt sind. Wenn Sie bereits sonnengebräunt sind und das Wetter mitspielt, genügt als einziges weiteres Kleidungsstück eine Badehose. Oder auch nicht.
Will man besonders in unseren Breitengraden das Surfen nicht auf die wenigen Sonnentage beschränken, müssen weitere Kleidungsstücke her. Vom Tauchsport her kennen wir den Taucheranzug, der aus einer 3 bis 5 mm starken, beschichteten Moosgummihaut (Neopren) besteht. Richtig geschnitten, liegt er eng am Körper an und hält durch seine große Isolationsfähigkeit den feuchten Körper warm. Diese Anzüge gibt es in den verschiedensten Ausführungen: durchgehende, zweiteilige, mit langem oder kurzem Bein, mit langem oder kurzem Arm.
Wie vollständig Sie sich einkleiden, hängt von dem Einsatz ab. Achten Sie aber beim Kauf immer darauf, daß der Neoprenanzug genau paßt und daß zumindest die Innenseite mit einem Gewebe kaschiert ist. Ein zu enger oder schlecht passender Taucheranzug ist sehr kräftezehrend. Außerdem kann er die Muskulatur gerade an Schultergürtel und Armen an einer guten Durchblutung hindern.
Sorgfältig müssen Sie bei der Auswahl des geeigneten Schuhwerks vorgehen. In erster Linie ist die Rutschfestigkeit im Hinblick auf die Standfläche Ihres Brettes wichtig. Besonders weiche, ganz fein profilierte Gummisohlen eignen sich meistens am besten zum Surfen. Für kältere Jahreszeiten gibt es aus Neopren gefertigte Füßlinge. Solche Füßlinge sollten aber nur in Verbindung mit festen Turnschuhen getragen werden; sie geben durch ihren sockenähnlichen Schnitt keinen guten Kontakt zum Brett. Die Hosenbeine des Taucheranzuges müssen *über* die Socken gezogen werden, damit kein Wasser in die Füßlinge eindringen kann.
Die Taucheranzüge haben einen weiteren Vorteil: Sie geben je nach Größe und Materialstärke einen Auftrieb von 3 bis 5 kg. Sie ersetzen natürlich keine ohnmachtssichere Schwimmweste, doch sind sie für den im Wasser Treibenden eine gute Schwimmhilfe. Außerdem schützen sie einen Schwimmer besonders gut gegen Auskühlung. Gerade für Anfänger ist eine warme Bekleidung sehr viel wichtiger als für Könner, weil der Anfänger durch das viele Stürzen ständig völlig naß ist. Der Wind kühlt nämlich den nassen Körper besonders schnell ab.

6. Kleinwerkzeug

Als vorsorgender Surfer sollten Sie immer einiges für Kleinreparaturen mit sich führen, d. h. nicht im Autowerkzeug auf dem Parkplatz, sondern im Wasser, Notwendiges am besten irgendwo in den Neoprenanzug geklemmt.
Notwendig: Ersatztampen bei Verlust oder Bruch eines Liekstreckers; Tesaband, weißes, breites, um kleine Segelrisse sofort verkleben zu können.
Wünschenswert: Tesaband mit stumpfer Oberfläche, um den Baum zur besseren Griffigkeit umwickeln zu können; Feuerzeug oder Streichhölzer, um ein ausgefasertes Tampenende zu verschweißen; Messer und Schraubenzieher als Allround-Geräte.

B Die Technik – Lernschritte und Tips

Vorbemerkung
Wie man Windsurfen lernt, stellen wir nach einem bestimmten methodischen Aufbau in einer Reihe von acht Lernschritten dar. Sie führen vom Leichten zum Schweren, wie überall, und sind nicht beliebig austauschbar oder überspringbar. Die zentrale Übung ist die Drehübung: Sie kann das Wenden und Halsen ersetzen, solange der Anfänger diese Manöver, vor allem bei stärkerem Wind, noch nicht beherrscht. Zu jedem Lernschritt geben wir einen ausführlichen Lerntip, der Ihnen bei der Bewältigung der Folgeschwierigkeiten helfen soll. Üben Sie jeden Lernschritt so lange, bis Sie glauben, ihn befriedigend zu können! Mit Lernschritten meinen wir keine Übungsstunden.
An zwei Punkten werden Sie eine deutliche Schwierigkeitsschwelle überwinden müssen, die Sie durch viele Stürze bezahlen werden – die berühmten Stürze des Anfängers: beim Ziehen des Riggs aus dem Wasser (3. Lernschritt) und beim Ansegeln (5. Lernschritt). Diesen „Aufenthalt" sollten Sie von Anfang an mit einkalkulieren und nicht etwa sagen: Das lerne ich doch nicht so schnell. Sehen Sie die Dinge locker! Denken Sie auch nicht: Dort am Ufer stehen Leute und grinsen über mich. Und wenn, sollten Sie sie ignorieren, denn jeder Spötter muß erst einmal beweisen, es besser zu können. Und kann er es, so können Sie sicher sein, daß auch er, wie jeder Windsurfing-Weltmeister, mit „Baden" angefangen hat.
Natürlich führt auch die Methode des *trial and error* zum Surferfolg: Man stellt sich einfach aufs Brett und probiert ohne Anleitung so lange, bis man es kann. Besonders Autodidakten wehren sich gegen einen methodisch aufgebauten Lernprozeß. Sie lernen langsamer, dafür nachhaltiger, brauchen aber – gerade beim Windsurfen – viel mehr Beharrlichkeit, und das häufige Stürzen zu Anfang kann schnell entmutigend wirken. Hinzu kommt, daß sich Anfangsfehler einschleichen, und Umlernen ist bekanntlich schwerer als neu lernen. Es

ist ja auch nur sinnvoll, von den Erfahrungen anderer zu profitieren. So werden Sie das Surfen Stück für Stück in den Griff bekommen und von Anfang an Erfolgserlebnisse haben. Auch das Lernen soll Spaß machen – beim Windsurfen später kommt der Spaß von ganz allein.

Der Wind

Suchen Sie sich für den Anfang nur wirklich geeignetes Übungswetter aus! Es trägt zu Ihrer Sicherheit bei und erspart Frustrationen. Zu Beginn des Lernprozesses ist eine leichte Brise am besten. Dann wird das Aufholen des Riggs aus dem Wasser nicht gleich erschwert, und die Gefahr des Abtreibens bleibt gering bei ablandigem Wind.

Die Windrichtung spielt eine ebenso wichtige Rolle: ***Auflandiger Wind*** verhindert das Abtreiben, bringt aber unruhiges Wasser. ***Ablandiger Wind*** bedeutet ruhiges Wasser unter Land, aber bei unregelmäßigem Uferbestand (einzelner Baumbewuchs, teilweise Steilufer, Häusergruppen) ist der Wind immer böig; vor allem treibt der Surfer ab, und zwar um so mehr, je weiter er sich vom Ufer entfernt und je stärker der Wind weht – und dann kommt die große Schwierigkeit: Wie komme ich zurück? Kontrollieren Sie notfalls Ihre Abdrift durch eine Landpeilung! Am günstigsten ist ein parallel zum Ufer wehender Wind.

Das Revier

Ideal ist ein Sandstrand oder Uferstück mit sanft abfallendem Grund, steinlos, ohne Badebetrieb, frei von Über- und Unterwasserhindernissen wie Steganlagen, an Bojen liegende Boote, große Steine, abgebrochene Pfähle oder flache Sandbänke. Suchen Sie sich eine Stelle mit hüfttiefem Wasser aus, dann ist das Aufsteigen aufs Brett nach einem Sturz nicht so kräfteraubend. Gewässer mit starken Motorbootwellen oder mit Strömung sind ungeeignet. Da Sie ohnehin mit dem Wagen anfahren, lohnt sich eine zehn Minuten längere Fahrzeit zu einem besseren Revier immer.

1. Balanceübung mit dem Rigg

Dieser Lernschritt spielt sich noch völlig auf dem Land ab; es geht zur Not auch im eigenen Garten, wenn er groß genug für ungestörten Wind ist. Sie sollen die Handhabung des Riggs lernen, an Land vereinfacht. (Windsurfing-Schulen setzen hierfür auch einen ***Simulator*** ein.) Nehmen Sie Ihr segelfertig aufgespanntes Rigg, und stekken Sie den Mastfuß einfach in den Sand. Bei festerem (Gras-)Boden graben Sie ein kleines Loch. Das Brett lassen Sie völlig beiseite. Nun stellen Sie sich mit dem Rükken gegen den Wind und legen das Rigg so hin, daß der Mastfuß zu Ihnen, die Mastspitze von Ihnen weg zeigt. Dann ziehen Sie das Rigg an der Startschot gegen den Wind hoch und lassen das Segel frei flattern. Damit der Mast nicht wegrutscht, stemmen Sie einen Fuß gegen den Mastfuß.

Nun halten Sie mit ganz leicht angewinkelten Armen das Rigg an der Startschot im

Gleichgewicht, den Mast etwas schräg nach hinten geneigt. Ist das Rigg aufgeholt, nehmen Sie Ihren Fuß vom Mastfuß, stellen beide Füße parallel, den Mastfuß dazwischen. Versuchen Sie das Rigg durch Ziehen an der Startschot nun so auszubalancieren, daß sie einen möglichst geringen Zug verspüren.
Damit üben Sie bereits das spätere Aufholen des Riggs aus dem Wasser.
Als nächstes simulieren Sie das ***Anfahren,*** das Starten mit dem Brett: Ziel ist, nicht mehr mit beiden Händen an der Startschot das Segel nur flattern zu lassen, sondern beide Hände sollen am Gabelbaum das Segel gegen den Winddruck dichtholen und halten. Dazu lösen Sie eine Hand von der Startschot, z. B. die linke, so daß Sie das Rigg nur noch mit einer Hand halten und ausbalancieren: mit der rechten. Dann greifen Sie mit der linken Hand über die rechte und fassen den Gabelbaum ca. 15 cm hinter dem Mast. Wenn nun Ihre Rechte die Startschot losläßt, können Sie mit der Linken am Gabelbaum das Rigg ebenso ausbalancieren und das Segel flattern lassen wie vorher an der Startschot.
Greifen Sie jetzt mit der rechten Hand den Gabelbaum gut 1 m hinter dem Mast und ziehen ihn langsam an. Dann füllt sich, je mehr Sie ziehen, das Segel mit Wind und setzt ihm einen Widerstand entgegen, den Sie halten müssen.
Diese Übung ist bei etwas frischerem Wind gelegentlich schwieriger als auf dem Wasser, weil der Winddruck sich nicht in Fahrt umsetzen und so verringern kann. Gleichen Sie dann durch Ihr Körpergewicht aus, und lehnen Sie sich eventuell weit nach hinten. Stemmen Sie sich mit Ihrem vorderen Bein – dem nächst dem Mastfuß stehenden – gegen den Mastfuß des Riggs, so können Sie das Segel schon gegen ein kräftiges Windchen halten.

Trockenübung

Wird der Winddruck aber doch zu groß, lassen Sie einfach mit der hinteren – der Segelhand – los; das Segel schwingt dann wie eine Fahne in Windrichtung, beginnt frei zu flattern, und der Druck ist weg. Aber nicht zu plötzlich loslassen, sonst setzen Sie sich jedesmal hin!

2. Balanceübung auf dem Brett

Diese Übung spielt sich bereits auf dem Wasser ab, aber nur auf dem Brett, ohne Rigg. Sie sollen sich mit dem Stehen auf dem wackligen Brett vertraut machen. Lassen Sie das Brett mit eingestecktem Schwert einfach schwimmen – in möglichst hüfttiefem Wasser. Hocken Sie sich nun im Bereich des Schwertkastens auf das Brett. Jetzt können Sie die Schwimmstabilität Ihres Surfbrettes erfühlen. Dann versuchen Sie sich auf dem Brett aufrecht hinzustellen. Wippen Sie hin und her, gehen Sie einmal vorsichtig auf Bug und Heck zu; wenn Sie sich etwas standsicherer fühlen, versuchen Sie sich auf der Stelle zu drehen. Solange das Schwert im Brett steckt, dämpft es alle Querbewegungen. Talentierte Balancierer können diese Übungen dann ohne Schwert versuchen.

Paddeln und Abschleppen

Das Paddeln auf dem Brett muß ein echter Surfer können. Der Anfänger wird doch einmal in die Situation kommen, nicht mehr zum Ausgangsort zurücksurfen zu können: Er hat vielleicht die Windstärke unterschätzt, es hat aufgebrist, erst draußen erkannte er den rein ablandigen Wind, oder die Kräfte sind erschöpft. Wenn freilich zwei dieser Bedingungen zusammentreffen, werden Sie das Ufer auch paddelnd kaum erreichen, beispielsweise große Entfernung vom Ufer bei ausgesprochen starkem ablandigem Wind. 100 m Paddeln sind dann wohl zu schaffen, alles andere aber ist Illusion.

Zum ***Paddeln*** gibt es folgende Möglichkeiten:

- Für kurze Strecken: Trimmschot vom Gabelbaum lösen, den Gabelbaum an den Mast klappen, das Segel zusammenrollen und alles zusammengebunden längs aufs Brett legen. Sie knien oder liegen bäuchlings auf dem Brett und paddeln mit den Händen. Das Schwert können Sie steckenlassen oder herausnehmen.

Erste Balanceübung für den Anfänger

Gepaddelt wird einfach mit den Händen

● Für längere Strecken: Das Rigg wird völlig auseinandergebaut und bis auf den Mast gut zusammengebunden längs aufs Brett gelegt. Sie sitzen oder knien auf dem Brett und benutzen den Mast als Paddel, je nach Fabrikat eventuell ohne den Mastfuß. Das Schwert wird herausgezogen und aufs Brett gelegt.

Bei schwer zugänglichem (Schilf!) oder stark verdrecktem Ufer können Sie das Auftakeln auch aufs Wasser verlegen und paddeln dann eben ein Stückchen aufs Wasser hinaus, wenn der Wind mitspielt und nicht zu sehr auflandig bläst. Wer ganz sicher und bequem fahren will, bindet sich ein kleines Paddel an den Gabelbaum.

Zum ***Abschleppen*** eines Surfers durch einen anderen Surfer bindet der Abzuschleppende sein Rigg zunächst wie beschrieben zusammen. Dann legt er sich mit seinem Brett auf die Luvseite des Abschleppenden und hält sich, bäuchlings auf Rigg und Brett liegend, an dessen Schwertgurt oder auch Mastfuß fest.

3. Rigg aus dem Wasser ziehen

Jetzt sollen Sie den 1. und 2. Lernschritt in einem Schritt auszuführen lernen, und zwar auf dem Wasser. (Wenn Sie das Rigg ins Wasser bringen, müssen Sie aufpassen und den Wind das Segel in der richtigen Weise tragen lassen: Fassen Sie das Rigg an Mast und Gabelbaum an, und tragen Sie es über dem Kopf gegen den Wind. Für später gilt der Grundsatz: erst das Rigg ins Wasser, dann das Brett, weil das Rigg auf der Stelle schwimmt, das Brett aber wegtreibt.) Legen Sie zu diesem kombinierten Lernschritt das Brett quer zum Wind hin. Der Mastfuß wird ins Brett gesteckt, und zwar so, daß Mast und Segel vom Wind wegzeigend im Wasser liegen: in Lee.

Wenn Sie nun aufs Brett klettern, werden Sie gleich seine größere Schwimmstabilität bemerken: Das im Wasser liegende Rigg wirkt wie ein Treibanker; Aufrichten und Auf-dem-Brett-Stehen fallen weniger schwer. Beim Aufrichten greifen Sie sich gleich die Startschot. Nun stehen Sie vor der eigentlichen Aufgabe: den Mast mit dem Segel und dem Baum, also das gesamte Rigg, langsam aus dem Wasser herausziehen, und zwar auf dem Brett balancierend. Dafür stellen Sie sich so auf das Brett, daß sich der Mastfuß genau zwischen Ihren Füßen befindet. Anders läßt sich das Rigg nicht hochziehen. Das Gelenk ist nämlich genau der Punkt, über den der Mast balanciert werden muß.

Nochmal die Ausgangshaltung: Brett quer zum Wind; Rigg vom Wind wegzeigend:

nach Lee, im Wasser; Rücken gegen den Wind: nach Luv; Mastfuß zwischen den Füßen; Startschot in den Händen.

Nun ziehen Sie an der Startschot das Rigg aus dem Wasser. Das geht meist leichter, wenn Sie zu Anfang aus einer leichten Hocke heraus ziehen und sich erst mit höherkommendem Mast aufrichten. Zuerst braucht man etwas mehr Kraft, weil erst das Wasser vom Segel und aus der Masttasche abfließen muß. Dann wird es fast ruckartig leichter – diese ruckartige Erleichterung kostet den Anfänger oft einen Sturz –, und Sie können jetzt mit weniger Kraftaufwand das Rigg bis in die Senkrechte zu sich heranziehen. Rutscht beim Aufholen das Rigg im Wasser zur Seite, so ziehen Sie betont zur entgegengesetzten Seite weiter: Der Zug muß immer genau über dem Gelenk erfolgen!

Hier beginnt jetzt die nächste Aufgabe, nämlich das Rigg so auszubalancieren, daß

Das Rigg ist gleich aufgeholt. Jetzt aber schnell ganz anziehen, damit die Baumspitze aus dem Wasser herauskommt. Hier schleift sie noch nach. Dadurch kann sich das Segel bereits mit Wind füllen und das Brett Fahrt machen.

es ohne viel Mühe und mit möglichst wenig Kraftaufwand über dem Gelenk stehenbleibt. Der Schwerpunkt des gesamten Riggs muß über dem Gelenk liegen; das Rigg kann dabei etwas nach Lee hängen. Halten Sie es an der Startschot wie einen Gaul am Zügel, und lassen Sie das Segel einfach flattern. Sie müssen also zwei Schwierigkeiten auf einmal lösen: das Rigg in Balance halten und – gegen den Zug der Startschot – auf dem Brett stehenbleiben. Hier geht meist das große „Baden" los. Das ist nur natürlich und auch bei häufigen Stürzen kein Grund zum Verzweifeln (vergleiche Seite 31 und 56).
Falls Sie bei dieser „Wassergewöhnungsübung", sprich: Gewöhnung an das segelklare Surfbrett, etwas abtreiben sollten, ziehen Sie das Brett zurück in flaches Wasser, bevor die Strecke zu weit wird.
Das richtige Üben der ersten Lernschritte ist ganz wichtig: Es prägt Ihren späteren Segelstil. Wenn Sie diese ersten Schritte wirklich schulmäßig beherrschen, haben Sie bei den Übungsphasen, wo es ums tatsächliche Windsurfen geht, erheblich weniger Schwierigkeiten zu erwarten.
Zur Körperhaltung: Jeder Anfänger neigt dazu, wenn er das Rigg aus dem Wasser gezogen hat, in einer typischen gebückten Stellung zu verbleiben, in der Annahme, so leichter die Balance halten zu können: Hintern raus, Oberkörper nach vorn gebeugt, Knie steif durchgedrückt. Bei Ski-Anfängern kann man eine ganz ähnliche Haltung beobachten, mit der sie anfangs die Hänge hinunterrutschen. Deshalb noch einmal eine Zusammenfassung der entscheidenden Punkte für die richtige Haltung: Füße nahe am Mastfuß; Knie nicht ganz durchgedrückt; Hüfte nach vorn; Oberkörper leicht zurückgebogen; Arme nur leicht angewinkelt.
Wenn Sie Rückenschmerzen bekommen, ist das ein Zeichen von falscher Haltung. Dann stehen Sie mit dem Oberkörper viel zu weit nach vorn gebeugt.

Lernen mit Partner

Beginnen Sie mit dem Lernen nicht allein, sondern suchen Sie sich einen Partner oder eine Gruppe. Erstens macht es dann mehr Spaß (auch andere fallen zu sehen), zweitens fördert Unterhaltung jeden Lernprozeß, und drittens ist es für bestimmte Lernsituationen sehr hilfreich. Ein Partner kann

- bei den Balanceübungen ohne Rigg das Brett ein wenig stabilisieren und quer zum Wind halten,
- dasselbe tun beim Aufholen des Riggs aus dem Wasser,
- ein abgetriebenes Brett mit zurückziehen.

4. Drehübung

Bevor Sie nun endgültig zum eigentlichen Windsurfen kommen, müssen Sie lernen, wie man das Brett unter dem Rigg dreht, und zwar auf der Stelle, ohne zu segeln. *Müssen* heißt: Diese Übung ist unverzichtbar. Sie können damit das Brett, mit flatterndem Segel und ohne zu segeln, immer

in die gewünschte Richtung drehen, z. B. wenn Sie drehen müssen, aber die Wende noch nicht können, oder wenn Sie, um zu wenden, nicht erst ansegeln wollen.
Für die Drehung brauchen Sie einen Widerstand. Der wird durch das Segel gebildet, allerdings nur dann, wenn zumindest etwas Wind weht. Für die Drehübung ziehen Sie zunächst das Rigg aus dem Wasser, wie gehabt, aber nicht völlig bis in die Senkrechte. Lassen Sie das Rigg an der Startschot etwas weiter von sich weghängen – der Hebelarm des Segeldruckpunktes zum Drehpunkt des Brettes wird dadurch größer. Wenn Sie das Rigg nun seitlich gegen die Drehrichtung und gegen den Wind führen, können Sie mit Leichtigkeit das Brett mit den Füßen allmählich um den Mast herumtreten. Fühlen Sie sich schon sicherer, können Sie die Startschot auch mit einer Hand halten und den anderen Arm zum Ausbalancieren benutzen. Das Rigg hängt also im Wind und bleibt während der ganzen Drehung so hängen; auch Sie bleiben mit dem Rücken zum Wind – nur das Brett dreht sich, und zwar beliebig weit und rechts- oder linksherum, wie Sie es wollen. Das ist alles. Ganz einfach!
Es ist gut, diese Drehung einige Male zu üben. Nur so können Sie erfühlen, wie weit man das Segel gegen den Wind führen muß und wieweit ein zufälliges, unachtsames Eintauchen der Gabelbaumspitze ins Wasser die Drehung behindert. In der Regel sollten Sie während der Drehung das Rigg völlig frei vom Wasser halten. Taucht besonders bei stärkerem Wind der Gabelbaum ein Stückchen ins Wasser, eventuell auch mit einem Teil des Segels, so kann das Segel nicht mehr frei im Wind flattern; der Wind findet beim Auftreffen auf das Segel einen Widerstand, den das Segel in Vortrieb verwandelt, und zwar sofort: Das Brett segelt eine kleine Strecke und läuft erst dann aus, wenn Sie das Segel wieder völlig aus dem Wasser gezogen haben. Deshalb gilt während der Drehübung: Segel frei flattern lassen! Auch die Gabelbaumspitze freihalten!
Dieses Schleifen der Gabelbaumspitze oder des halben Segels im Wasser müssen Sie für einen später sehr häufig vorkommenden Fall bewußt nutzen, nämlich wenn nach einem Sturz oder nach einer Surfpause das Brett um das Rigg im Wasser herumgetrieben ist und in Lee liegt, das Rigg aber in Luv – genau falschherum zum Aufziehen des Segels (vergleiche S. 36).

Stürzen

Denken Sie nicht: Windsurfen lerne ich nie! Für den Anfänger ist es normal, ins Wasser zu fallen. Viele Stürze zu Anfang sind kein Zeichen von Unsportlichkeit, sie gehören zum regulären Lernverlauf – jeder Surfer hat zuerst einmal ausgiebig „gebadet". Wenn ein Sturz unvermeidlich wird: Warten Sie nie bis zum allerletzten Moment! Ob man gleich stürzen wird, fühlt man meist schon kurz vorher, wenn man den Winddruck im Segel nicht halten oder eine Welle nicht ausbalancieren kann. Das Rigg will den Surfer dabei immer über das Brett nach Lee ins Wasser ziehen. Lassen

Drehübung

Bei der Drehübung neigt man das Rigg seitlich gegen den Wind – dann dreht sich das Brett unter dem killenden Segel weg. Nun kann man mit Leichtigkeit das Brett mit den Füßen allmählich um den Mast herumtreten und so beliebig drehen. Das Segel muß immer vom Wasser freigehalten werden.

1

2

3

4

5

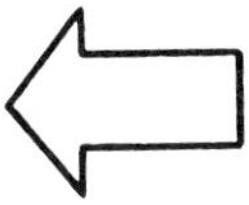

Wind

8

7

6

Sie dann lieber rechtzeitig den Baum los, und fallen Sie nach Luv zur anderen Seite als das Segel ins Wasser, nicht nach Lee aufs Brett oder ins Segel. Das Wasser ist weicher als das Brett!
Als Anfänger, der schon ein wenig Stehvermögen hat, sollten Sie folgendes versuchen: Lassen Sie nur die Segelhand los, halten den Baum aber noch mit der Masthand fest: So geht der Druck aus dem Segel – Sie lassen es einfach einen Augenblick frei flattern, atmen einmal tief durch und beginnen das Ansegeln nach einer kleinen Pause von neuem.
Nach einem Sturz ins Wasser nicht hektisch wieder aufs Brett klettern, um etwa möglichst schnell das Rigg aufzuholen. Immer mit der Ruhe! Erst besinnen, dann ruhig aufs Brett zurücksteigen und dort einen Augenblick verschnaufen!

5. Ansegeln

Das Ansegeln haben Sie bereits im 1. Lernschritt simuliert, jener Balanceübung mit dem Rigg an Land. Dabei ging es neben dem Aufholen des Segels darum, mit beiden Händen am Gabelbaum das Segel dichtzuholen. Dasselbe geschieht nun auf dem Wasser, wobei Sie erfahren werden, daß jeder Winddruck im dichtgeholten Segel in Fahrt umgesetzt wird. Endlich kommt nun das erste wirkliche Erlebnis des Windsurfens. Es werden zwar zuerst nur einige Meter Geradeausfahrt sein, aber immerhin. Ein kurzes Wort zur Terminologie: Natürlich haben Sie als Zweibeiner keine Hinter- und Vorderfüße, aber wir bezeichnen als vorderen Fuß jeweils den, der zum Vorderteil des Brettes, als hinteren den, der nach hinten zum Heck zeigt.
Die Ausgangsposition zum Ansegeln: Brett quer zum Wind; Sie stehen mit dem Rücken zum Wind und halten das Rigg ausbalanciert an der Startschot. Zum Ansegeln lassen Sie den vorderen Fuß etwa eine Fußlänge vor dem Mast, den hinteren nehmen Sie

Der Mast ist deutlich nach vorn geneigt, der vordere Fuß ist stärker belastet und steht kurz vor dem Mastfuß. Der Mastarm ist angewinkelt, der Segelarm zieht langsam den Gabelbaum dicht. Das Segel ist im hinteren Bereich bereits mit Wind gefüllt, der obere Teil des Segels flattert noch. Das Brett macht schon leichte Fahrt voraus. (Vgl. auch Foto Seite 12)

etwa einen halben Meter zurück. Immer daran denken, die Füße annähernd auf der Mittschiffslinie stehen zu lassen! Ihr Stand ist jetzt also etwas breitbeiniger als beim Riggaufholen.

Mit der ***Masthand*** fassen Sie über den anderen Arm den Baum etwa 15 cm hinter dem Mast an und drücken das ganze Rigg nach vorn. Jetzt lassen Sie die Startschot los und ziehen mit der ***Segelhand*** den Baum zu sich heran. Die Segelhand, also die jeweils hintere, zieht am Baum das Segel dicht und stellt es dadurch zum Wind an, wie der Segler sagt. Sie müssen dabei den Baum mit beiden Händen so anfassen, daß die Zugkräfte des Riggs gleichmäßig von beiden Armen aufgenommen werden. Spätestens jetzt macht Ihnen die Windkraft zu schaffen. Können Sie das Rigg auch nur annähernd gegen den Winddruck halten, so segeln Sie mit Ihrem Brett: echtes Windsurfen! Dies ist meist der Punkt, wo der Begeisterungsfunke des Prinzips Windsurfing zündet und Sie alle folgenden Stürze ertragen läßt.

Machen Sie zunächst nur kleine „Surfsprünge": mit der Segelhand das Segel dichtholen, ein paar Meter surfen, dann wieder loslassen und das Brett auslaufen lassen. Halten Sie dabei mit der Masthand das Rigg immer aufrecht (aufrecht von vorn gesehen!), gleichgültig ob Sie ansegeln oder das Brett auslaufen lassen, d. h. gleichgültig, ob Sie das Segel am Gabelbaum mit der Segelhand dichtholen oder loslassen. Ganz wichtig ist es, den Mast in der Anfahrtphase schräg nach vorn zu halten; andernfalls beschreibt Ihr Brett eine Kurve in den Wind hinein.

Die Steuerung des Bretts wollen wir jetzt noch nicht beschreiben. Sie sollen nur versuchen, eine gewisse Strecke – je länger, um so besser – in einer Richtung zu segeln. Dabei muß der Mast immer nach vorn geneigt bleiben, der Baum liegt dann etwa waagerecht.

Wenn der Wind das Segel füllt, übt er eine Kraft unter anderem auch zur Seite hin aus. Diese Kraft gilt es durch Ausbalancieren mit dem Körpergewicht auszugleichen, und zwar mit dem ganzen Körper. Sie können dabei etwas in die Knie gehen, die Knie wieder strecken, aus der Hüfte heraus sich weiter nach hinten beugen oder etwas nach vorn, auch die Arme mehr oder weniger stark anwinkeln. Im Prinzip sollten Sie anstreben, mit langen Armen und herausgelehntem Körper zu surfen – nur so können Sie später den dauernden Druck des Segels mit den Armen auffangen.

Typische falsche Anfängerhaltung in dieser Phase: wie ein Ski-Anfänger Oberkörper weit nach vorn geneigt, Arme lang, Hintern raus – wie auf Seite 30 beschrieben. Windsurfing-Lehrer nennen dies die „Kackhaltung" (Verzeihung!). Auf diese Weise zieht man den Mast nie in die erforderliche senkrechte Stellung, von vorn gesehen. Bei der sogenannten klassischen Windsurfer-Haltung (bei mäßigem Wind) ist immer das vordere Bein gestreckt, oft am Mastfuß abgestützt, das hintere gebeugt, der gesamte Körper und die Arme annähernd gestreckt.

Beim Geradeaussegeln müssen Sie darauf achten, daß Sie mit der Segelhand den Baum nur so weit zu sich heranziehen, d. h. das Segel zum Wind so weit anstellen, daß es gerade nicht mehr flattert. Fängt es an zu flattern – der Segler sagt: killen –, müssen Sie am Baum etwas stärker ziehen, dann füllt sich das Segel wieder mit Wind. Zu dicht darf das Segel aber auch nicht stehen. Diese Grenze der Segelstellung dicht vor dem Killen müssen Sie laufend zu ermitteln und zu erfühlen versuchen. Aber niemals den Baum über die Mittschiffslinie nach Luv ziehen! Dies wird erst für bestimmte Manöver, etwa die überzogene Wende, nötig.

Beim gesamten Vorgang des Ansegelns und Geradeaussegelns achten Sie auf lokkere Haltung: locker in der Hüfte und in den Knien, mit dem Oberkörper ähnlich wie ein Boxer auspendelnd, mit den Armen flexibel das Rigg am Gabelbaum führend. Dieses zu Anfang schweißtreibende Geradeaussegeln wird Sie schon nach kurzer Zeit Ihre ersten Segelmeter belächeln lassen. Wenn Sie nicht zu verbissen üben und öfter mal eine Pause einlegen, wird die gesamte Koordination bald funktionieren: das Ausgleichen des Winddrucks mit Ihrem Gewicht, der richtige Anstellwinkel des Segels mit dem Baum, die richtige Neigung des Mastes nach vorn.

Rigg in Luv aufholen

Nach einem Sturz oder einer Surfpause treibt häufig das Brett um das Rigg im Wasser herum, so daß das Brett in Lee, das Rigg aber in Luv liegt – genau falschherum zum Aufziehen des Segels. Sie sehen sich dann vor einer neuen Aufgabe: nämlich das Rigg mit dem Wind hochzuziehen. Sie stehen dann mit dem Gesicht, nicht mit dem Rükken zum Wind und gehen so vor: Aus dieser Lage – Rigg in Luv, Gesicht gegen den Wind – ziehen Sie, wie schon geübt, das Segel langsam aus dem Wasser, bis etwa zur Hälfte. Dabei faßt der Wind in das Segel und drückt es zur Seite. Das Brett dreht sich bereits, wenn Sie den Mast nicht zwischen den Füßen haben. Ziehen Sie den Mast noch höher, dann schleifen Baum und Segel halb im Wasser und beginnen sich mit dem Brett herum nach Lee in die normale Ausgangsposition, Rigg nach Lee, zu drehen. Ihr Krafteinsatz ist etwas größer als beim Segelaufholen gegen den Wind. Halten Sie einfach das Rigg an der Startschot mit dem Segel so lange halb im Wasser, bis es wieder eindeutig nach Lee liegt, und ziehen Sie es erst dann ganz hoch. Unterschied zur Drehübung: Hier drehen sich beide, Rigg und Brett, bei der Drehübung nur das Brett unter dem im Wind flatternden Segel.

6. Anluven – Abfallen

Als nächstes sollen Sie das Segeln von leichten Kurven, das „Schlangenlinien-Segeln", lernen. Der theoretische Hintergrund, warum das bei einem Segelsurfer trotz des fehlenden Steuers möglich ist,

Anluven

1. Der Surfer segelt am Wind geradeaus.

2. Das Rigg wird nach hinten geneigt. Das Brett beginnt bereits leicht anzuluven.

3. Das Rigg ist weiterhin nach hinten geneigt, die Kurve zum Wind hin wird enger. Der Wind kommt beinahe schon von vorn.

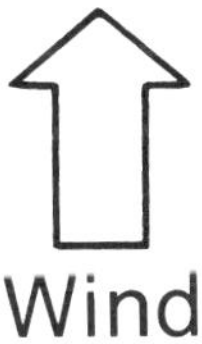

folgt später (Seite 75), aber das Wie soll schon jetzt erklärt werden, damit Sie für den folgenden Lernschritt das nötige Rüstzeug haben.
Wenn Sie während des Geradeaussegelns den Mast stark nach vorn neigen – nach vorn heißt in diesem Fall immer über den Bug oder zum Bug hin –, fällt Ihr Brett vom Wind ab. Man sagt kurz: Es ***fällt ab,*** d. h. es beschreibt eine Kurve vom Wind weg und segelt nach Lee. Neigen Sie Ihren Mast nach hinten, also zum Heck hin, ***luvt*** Ihr Brett zum Wind hin ***an,*** d. h. es beschreibt eine Kurve in Windrichtung: nach Luv. Dieses Schlangenlinien-Segeln kann man durch Verlagerung des Körpergewichts verstärken, ähnlich wie beim Skifahren.
Sie wollen anluven? Dann belasten Sie Ihr hinteres Bein stärker und entlasten das Bein vor dem Mast. Dadurch drücken Sie das Brett in eine noch engere Kurve. Sie wollen abfallen? Dann stemmen Sie den vorderen Fuß stärker gegen den Mastfuß bzw. verlagern Ihr Gewicht mehr auf das vordere Bein, das zum Ansegeln etwa eine Fußlänge vor dem Mast steht.

Vor allem zum Ansegeln lassen Sie Ihren vorderen Fuß vor dem Mast stehen. Wenn Sie dann in Fahrt sind und schon die notwendige Sicherheit besitzen, versuchen Sie, den vorderen Fuß auch einmal direkt hinter bzw. gegen den Mastfuß zu setzen. Führen Sie die Mastneigung und auch die Verlagerung des Körpergewichts ruhig betont und überdeutlich aus, um ganz klar die Wirkung zu spüren.
Solange Sie nur das Geradeaus- und das Schlangenlinien-Segeln üben und beherrschen, kommen Sie irgendwann so weit, daß Sie zurück zu Ihrem Ausgangspunkt segeln müssen. Dieses Umkehren geschieht normalerweise mit einer Wende. Aber es gibt auch die Drehübung, im 4. Lernschritt (Seite 30 ff.) beschrieben. Damit können Sie das Brett beliebig auf der Stelle drehen: Sie stoppen Ihr Brett, indem Sie mit der Segelhand den Baum loslassen. Das Segel steht dann im Wind – es killt. Nun führen Sie wie geübt die Drehübung aus, und zwar so weit, bis das Brett mit dem Bug wieder in Richtung auf Ihren Ausgangspunkt zeigt. Dann segeln Sie wieder an. So können Sie beliebig oft raus und rein oder hin und her surfen und drehen am Ende jeder Strecke das Brett mit Hilfe der Drehübung in die neue Fahrtrichtung. Wenn Sie das einige Male geübt haben, werden Sie feststellen, daß Sie beim Drehen mal vor, mal hinter dem Mast vorbeitreten mußten: Mal ist beim Drehen das Heck, mal der Bug unter dem Segel durchgewandert. Hier werden Sie später die Grundzüge der Halse und Wende wiedererkennen.

Abfallen

1

1. Der Surfer segelt auf einem Am-Wind-Kurs geradeaus.

Lockerungsübungen
Unterschätzen Sie die Notwendigkeit solcher Übungen nicht! Auch Sie werden nicht davon verschont bleiben, vom verkrampften Anfassen am Baum allmählich harte, schmerzende Unterarme zu bekommen. Vielleicht tut Ihr Rücken ebenfalls weh, unter Umständen sogar Ihre Fußsohlen. Üben Sie nicht so lange, bis die Unterarme hart sind, sondern schütteln Sie vorher die Arme aus, öffnen und schließen Sie die Finger, machen Sie auf

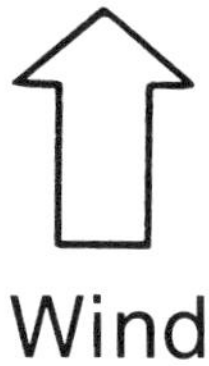

2

2. *Durch Nachvorneneigen des Riggs fällt das Brett ab.*

3

3. *Das Brett beschreibt weiterhin eine Kurve vom Wind weg. Der Mast ist immer noch nach vorn geneigt. Das Gewicht ist stark auf den vorderen Fuß konzentriert.*

4

4. *Das Brett hat seine neue Richtung eingenommen, es ist auf Raumschotskurs abgefallen. Der Mast hat wieder eine normale Stellung.*

dem Brett, wenn Sie sich's zutrauen, einige Rumpfbeugen.

Dabei liegt das Rigg natürlich im Wasser. Vielleicht legen Sie sich sogar langgestreckt mit dem Rücken auf das Brett, um sich einige Augenblicke völlig zu entspannen. Sonst machen Sie es sich im Sitz gemütlich. Dies ist wirklich zu empfehlen! Zu Anfang fliegt man nämlich so alle zehn Meter ins Wasser. Stürze aber sind vor allem wegen der Kraft anstrengend, die man aufwenden muß, um wieder aufs Brett zu kommen. Diese Anstrengung, etwa zusammen mit dem Kältereiz des Wassers und der Unsicherheit eines noch ängstlichen Anfängers, kann schnell zu Verkrampfungen führen.

7. Wenden

In diesem Lernschritt sollen Sie die Wende lernen, d. h. das kurze Stückchen Drehung, das entsteht, wenn Sie stark anluven, mit

Wenden

Wind

1

1. Geradeausfahrt am Wind.

9

9. Die Wende ist vollendet. Das Brett ist auf neuem Kurs.

8

8. Ansegeln nach der Wende: Mast nach vorn neigen, Gewicht auf den vorderen Fuß. Mit der Segelhand langsam das flatternde Segel dichtholen. So nimmt das Brett Fahrt auf.

2

2. Zum Anluven neigt man den Mast nach hinten.

3

3. Das Brett beginnt eine Kurve in den Wind hinein zu beschreiben. Das Rigg ist weiterhin nach hinten geneigt, auch das Gewicht des Surfers ist nach hinten verlagert.

4. Die Kurve in den Wind hinein ist jetzt so weit gesegelt, daß der Bug genau in Windrichtung zeigt. Das Segel flattert.

4

5

5. Der Surfer tritt um den Mast herum, den Mast eng zwischen den Füßen. Die alte Masthand führt das Rigg an der Startschot.

6

6. Das Brett dreht durch seinen Schwung weiter.

7

7. Mit dem Drehen des Brettes tritt der Surfer noch weiter um den Mast herum. Die alte Masthand ist jetzt Segelhand und greift den Gabelbaum, um ihn dichtzuholen.

dem Bug völlig durch den Wind drehen und nach kurzem Abfallen so früh wie möglich weitersegeln, ohne die sichere, aber zeitraubende Drehübung zu benutzen.
Schon beim Schlangenlinien-Segeln läßt sich gut erkennen, daß der Wind beim Anluven immer mehr von vorn kommt und das Segel mit der Segelhand dichter herangezogen werden muß. Dies ist nur bis zu einem Winkel von ca. 45° gegen den wahren Wind möglich, dann läßt sich das Segel nicht mehr gefüllt halten – es fängt an zu killen. Hier sind allen Segelfahrzeugen Grenzen gesetzt: Sie können nie direkt gegen den Wind ansegeln, nur im erwähnten Winkel ***am Wind*** entlang. Dies ist allerdings mit dem Segel abwechselnd auf beiden Seiten möglich, und letztlich läßt sich durch solches „Kreuzen" jeder auch genau in Windrichtung liegende Punkt erreichen.
Vorher noch kurz zur Funktion von Masthand und Segelhand: Die ***Masthand*** greift immer kurz hinter dem Mast am Baum an und hat vornehmlich zwei Aufgaben: den Mast aufrecht zu halten (aufrecht von vorn gesehen) und ihn nach vorn oder nach hinten zu neigen. Von vorn gesehen, soll der Mast nahezu senkrecht stehen. Das Hinüberziehen des Mastes nach Luv gehört zu einer bestimmten Segeltechnik bei starkem Wind. Die ***Segelhand*** hat allein die Aufgabe, den Anstellwinkel, d. h. den Winkel des Segels zum einfallenden Wind, einzustellen und zu korrigieren, je nach Fahrtrichtung des Brettes. Bei übermäßigem Winddruck gibt man zunächst immer nur mit der Segelhand nach, hält aber mit der Masthand das Rigg aufrecht; so kann man beliebig den Druck des Segels verringern – natürlich auf Kosten der Fahrt. Droht man einmal nach hinten überzukippen oder zu fallen, kann man mit beiden Händen kurz am gesamten Rigg ziehen. So entsteht kurzfristig ein größerer Widerstand im Segel, an dem Sie sich wieder hochziehen können, ohne gleich ins Wasser zu fallen.
Beherrschen Sie das Anluven und Abfallen sowie die Drehübung, können Sie ansegeln – dann ist die Wende im Grunde ganz einfach. Sie luven an, d. h. Sie neigen den Mast weit zurück und verlagern Ihr Gewicht auf das hintere Bein, so daß das Brett eine Kurve in die Windrichtung hinein beschreibt, und zwar so weit, bis das Segel zu flattern beginnt und völlig im Wind steht. Inzwischen können Sie die Segelhand schon lösen, greifen mit ihr die Startschot und treten gleichzeitig nach vorn langsam um den Mast herum. Ihr Surfbrett sollte durch entschiedenes Anluven soviel Schwung haben, daß es nicht im Wind stehenbleibt, sondern ganz durch den Wind dreht. Das Rigg halten Sie dabei wie bei der Drehübung, vom Wasser frei, an der Startschot.
Hat sich das Brett unter dem Rigg soweit gedreht, daß das Segel über der anderen Seite hängt, treten Sie in kleinen Schritten um den Mast herum und segeln wieder neu an, wie bekannt: Die neue Masthand faßt den Gabelbaum dicht am Mast, die neue Segelhand weiter hinten, und nun muß das ganze Rigg entschieden nach vorn geneigt werden, sonst schaffen Sie das Abfallen

nicht, d. h. sonst erreichen Sie den Mindestanstellwinkel für Ihr Segel zum Segeln auf der neuen Seite nicht. Also Mast extrem nach vorn neigen, Segel mit der Segelhand dichtholen und Gewicht auf vorderes Bein legen: Dann segeln Sie sofort wieder los.
Natürlich wird Ihnen die erste Wende nicht so schulbuchmäßig gelingen. Häufig wird Ihre Kurve spätestens dann beendet sein, wenn Sie vor dem Mast stehen und das Segel in Richtung Heck flattert, weil Sie am Anfang zu wenig Schwung hatten. Das Brett dreht dann einfach nicht weiter – es bleibt im Wind liegen. In diesem Fall ziehen Sie den Mast an der Startschot schräg gegen die alte Luvseite; dann dreht sich das Brett unter Ihren Füßen auf der Stelle weiter herum: die bekannte Drehübung. Drehen Sie es etwa bis in die übliche Startposition: den Mastfuß zwischen den Füßen, bis Ihr Rücken zum Wind zeigt und das Brett quer zum Wind liegt. Nun segeln Sie wieder neu an.
Nochmal: Beim Wiederansegeln ist es ganz wichtig, den Mast weit genug nach vorn zu drücken, damit das Brett nicht gleich wieder in den Wind schießt.

8. Halsen

Auch die Halse bezeichnet ein bestimmtes Stückchen Drehung. Im Gegensatz zur Wende wird sie aber nicht durch Anluven, sondern durch Abfallen eingeleitet. Beim Abfallen kommt der Wind immer mehr von hinten; Sie können dabei das Segel mit der Segelhand weit auslassen, und es steht immer noch voll Wind. Drehen Sie weiter, bis der Wind genau von hinten kommt, können Sie die Segelhand lösen und das Segel, an der Startschot gehalten, nach vorn um den Bug herumschwingen lassen. Wenn Sie das Segel dann auf der anderen Seite dichtholen, haben Sie bereits eine Halse gefahren. Gute Surfer schaffen die Halse mit minimaler Kursänderung – da der Wind von hinten kommt, finden Sie immer einen Anstellwinkel des Segels zum Wind.
Die Halse schaffen Sie nur, wenn Sie mit Wind von hinten, d. h. auf Vorwindkurs, surfen können. Das Abfallen nach Lernschritt Nr. 6 beherrschen Sie bereits. Wollen Sie aus dem Schlangenlinien-Segeln noch weiter auf einen Vorwindkurs abfallen, müssen Sie zunächst den Mast übertrieben weit nach vorn neigen und das Körpergewicht auf den vorderen Fuß verlagern. Im gleichen Maße, wie das Brett nun eine Kurve vom Wind weg beschreibt, neigen Sie den Mast zusätzlich noch zur Luvseite hinaus, drehen also das gesamte Rigg, bis der Baum quer zum Brett steht, und zwar so lange, bis das Surfbrett direkt vor dem Wind fährt. Der Wind kommt jetzt also vom Heck her und bläst von hinten in das Segel. Gleichzeitig stellen Sie sich immer weiter mit dem Rücken zum Heck, den Blick nach vorn auf den Bug gerichtet, den Mast vor sich, den Schwertkasten längs zwischen den Füßen. Auf diesem Kurs wird Ihr Brett sehr wackelig, und Sie werden Mühe haben, die Balance zu halten – eine reine Gewohnheitssache. Wenn der Wind

Halsen

6

6. Das Manöver ist vollendet. Das Brett segelt geradeaus platt vor dem Wind. Beachte die seitliche Mastneigung.

5

5. Die Masthand zieht den Mast leicht nach hinten und drückt ihn beim gleichmäßigen Dichtholen durch die Segelhand nach Luv hinaus, damit das Brett vor dem Wind weitersegelt und nicht anluvt.

4

Wind

4. Die alte Masthand wird zur neuen Segelhand und zieht den Baum an.

3

3. Die alte Segelhand greift über die alte Masthand, die noch immer das Rigg an der Startschot führt, zum Baum. Sie ist jetzt die neue Masthand.

2

2. Die Segelhand hat den Baum losgelassen. Das Rigg schwingt um die Masthand, die inzwischen das Rigg an der Startschot führt.

1

1. Das Brett segelt vor dem Wind auf Geradeausfahrt. Der Mast ist seitlich geneigt. Beachte die Fußstellung!

genau von hinten kommt, kann man nicht mehr von Luv oder Lee sprechen: Das Segel kann ja beliebig auf beiden Seiten geführt werden (vergleiche aber die Definition in den Wettsegelbestimmungen 1.6, Seite 113).
Drücken Sie den Mast noch weiter seitlich hinaus, beschreibt Ihr Brett weiterhin eine Kurve, und zwar so lange, bis der Wind anstatt von hinten von der alten Leeseite her ins Segel bläst. In diesem Moment lassen Sie den Baum mit der Segelhand los und ergreifen statt dessen die Startschot. Wenn Sie jetzt auch die Masthand lösen, können Sie das Rigg, frei flatternd, nach vorn über den Bug führen, natürlich mit aufrechtem Mast. Nehmen Sie nun die Startschot in die andere Hand, die bisherige Masthand, so haben Sie eine Hand, die bisherige Segelhand, frei zum Griff an den Gabelbaum als neue Masthand. Nun lassen Sie die Startschot aus der anderen Hand los und greifen mit ihr als neuer Segelhand weit hinten am Gabelbaum an. Wenn Sie jetzt das Segel wieder dichtholen und gleichzeitig das Rigg weit zur Seite neigen, füllt sich das Segel sofort mit Wind, und das Brett nimmt wieder Fahrt auf: Sie haben Ihre erste Halse gefahren.
Achten Sie beim Ansegeln vor dem Wind darauf, daß Sie vom Segel nicht nach vorn über den Bug gezogen werden. Stemmen Sie sich mit dem Fuß, der auf der anderen Seite des Gabelbaumendes steht, deutlich nach vorn ab, dann können Sie leichter die Balance halten.
Die Halse steht nicht umsonst an letzter Stelle der Lernschritte. Alles ist etwas schwerer: Abfallen ist schwieriger als Anluven, vorm Wind zu segeln ist wackliger als am Wind, Ansegeln vorm Wind schwerer als bei halbem Wind, der üblichen Startposition. Aber Entmutigung soll nicht gelten. Erst die beiden Manöver Wenden und Halsen geben Ihnen die Freiheit, auch wirklich dorthin zu surfen, wohin Sie tatsächlich wollen, nicht wohin Wind, Wellen und das Brett Sie treiben.

Die verschiedenen Kurse

Bei den Manövern Wenden und Halsen trifft der Wind aus ganz unterschiedlichen Richtungen auf das Segel. Beim Anfahren soll er möglichst immer von der Seite kommen – die Grundstellung zum Ansegeln. Das nennt man Segeln mit ***halbem Wind.*** Luvt man nun an, um eine Wende einzuleiten, dann fährt man dem Wind entgegen, bis das Segel zu killen beginnt, obwohl der Baum bereits mittschiffs steht. Direkt gegen den Wind kann man also nicht segeln, aber in einem Winkel von ca. 45° kann man gewissermaßen schräg am Wind entlangsegeln. Der Segler nennt diesen Kurs ***am Wind*** oder hoch am Wind, und zwar nach links oder rechts; er ist also als Zickzackkurs möglich. Das ist dann ***Kreuzen*** oder Aufkreuzen. Auch ein Ziel, das direkt in der Richtung liegt, aus der der Wind bläst, kann man also segelnd erreichen – durch Aufkreuzen: Man segelt am Wind, fährt eine Wende und segelt auf der anderen Seite weiter am Wind, fährt eine neue Wende und so fort bis zum Ziel.

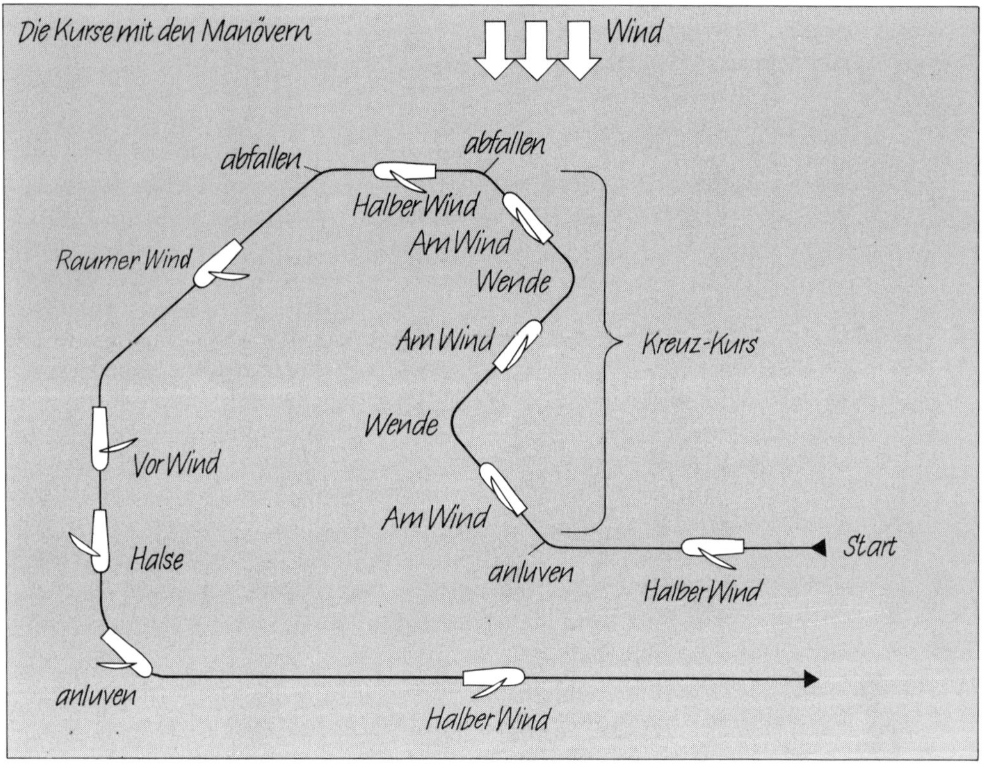

Fällt man nach einer Wende oder aus einem Halbwindkurs so stark ab, daß der Wind schräg von hinten kommt, segelt man ***raum(schots)*** oder auf Raumkurs. Fällt man noch weiter ab, so daß der Wind genau von hinten einfällt, segelt man ***vor dem Wind*** oder auf Vorwindkurs. Dann steht das Segel quer zum Brett.

Man kann also mit den Manövern Wenden und Halsen einen vollen Kreis segeln, den Manöverkreis – anders als in der Drehübung, wo das Brett sich unter dem flatternden Segel auf der Stelle dreht.

Anlegen – Ablegen

Zur Beherrschung des Segelsurfers gehören nicht nur die reinen Segelkurse sowie Wenden und Halsen. Meistens segelt man vom Strand oder Ufer aus los und kehrt auch wieder dorthin zurück. Aber es kann auch vorkommen, daß man unterwegs bei anderen Booten oder wie ein konventionel-

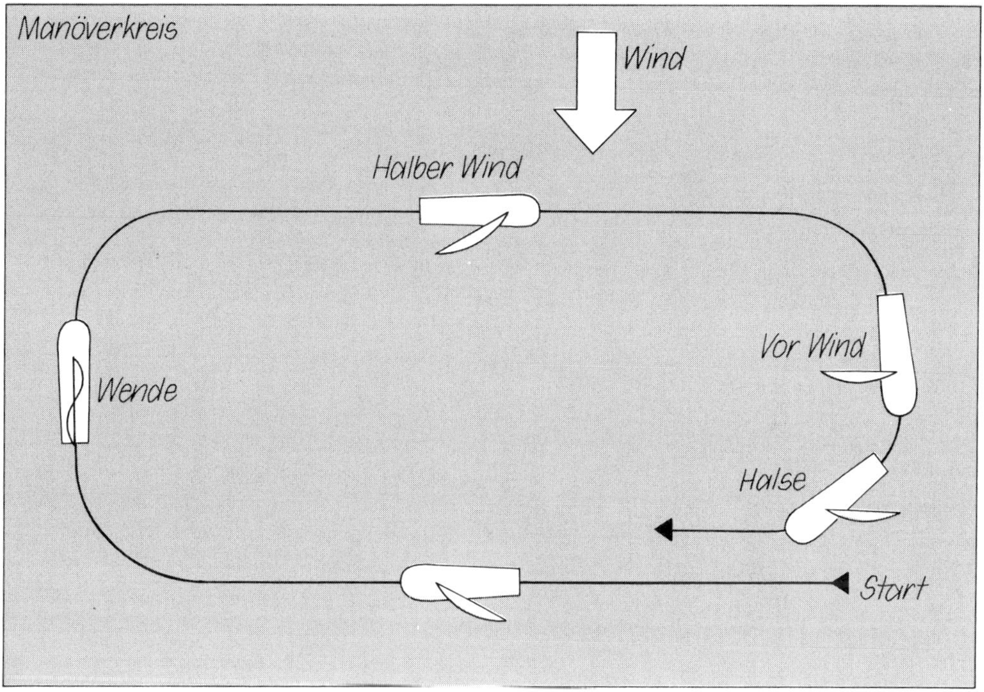

les Segelboot an einem Steg anlegen möchte. Letztlich hat der Segelsurfer ja die Möglichkeit, von allen Seiten her an einem Boot oder einem Steg anzulegen, gleichgültig wie der Wind steht: Er braucht nur sein Rigg ins Wasser zu werfen und kann damit auf der Stelle bremsen. Jedes andere Boot hat einen mehr oder weniger langen Auslaufweg; es muß erst anluven und dann genau gegen den Wind auslaufen, kann also in der Regel nur von Lee her anlegen. Bei einem Anleger vor dem Wind unter Segel würde ein Segelboot kräftig auf den Steg krachen.

Auch für den Segelsurfer ist es angenehmer, von Lee anzulegen. Weht der Wind also vom Steg her, surft man bis kurz vor den Steg, läßt die Segelhand los oder wirft das ganze Rigg ins Wasser und hält sich mit der freien Hand am Steg fest. So in Lee angelegt, halten Wind und Wellen das Brett von Steg oder Boot frei, ohne daß es dagegenschlagen kann. Zum Ablegen stößt man das Brett von Steg oder Boot ab und zieht sofort das Rigg auf, da man in Lee Platz hat. Weht der Wind vom Wasser auf den Steg, läßt man einige Brettlängen davor das Rigg ins Wasser und läßt sich bis an den Steg treiben. Eleganter und auch zentimetergenau legt man mit dem sogenannten „letzten Manöver" an (Seite 58), kann dann aber nicht vor, sondern muß neben den Steg gehen. Vorsicht: Wind und Wellen drücken den Segelsurfer gegen die Brücke (oder darunter)! Man kommt fast nur wieder los, indem man sich ein Stückchen freipaddelt.

In engen Häfen oder zwischen Booten in engen Bojenfeldern kommt man je nach Windrichtung sehr gut und vor allem genau mit flatterndem Segel entsprechend der Drehübung und dem „letzten Manöver" durch – aber nur bei überwiegend Wind von hinten.

So lernt man Segelsurfen – Zusammenfassung

Gebrauchsanweisung studieren
Knoten üben
Passende Surfkleidung, Kleinwerkzeug beschaffen
Leichten Wind abwarten
Günstigen Übungsort aussuchen
Rigg nach Anleitung zusammenbauen

1. Rigg (ohne Brett) an Land ausbalancieren: Rigg an Startschot aufrecht halten, dann Segel mit Segelhand dichtholen: Anfahren simulieren

2. Brett (ohne Rigg) auf dem Wasser ausbalancieren: Füße neben Schwertkasten, voll aufrichten, drehen; erst mit, dann ohne Schwert

Paddeln üben: im Knien und Liegen

3. Rigg aus dem Wasser ziehen: Brett mit Rigg ins Wasser, Brett quer zum Wind,

Rigg nach Lee, Rücken zum Wind, Mastfuß zwischen die Füße, leichte Hockstellung: Rigg an Startschot vollständig aus dem Wasser ziehen, dabei aufrichten

Von Partner helfen lassen: Er hält das Brett quer zum Wind

4. Drehung des Brettes üben: Rigg nur an Startschot halten, flattern lassen, leicht gegen den Wind neigen, Brett mit den Füßen um das Rigg herumtreten. Achtung: Wichtigste Übung beim Windsurfen!

   Beim Stürzen Rigg frühzeitig loslassen, Surfer nach Luv fallen lassen, nicht aufs Segel

5. Ansegeln: Grundstellung Brett quer zum Wind, Rigg nach Lee, Rücken zum Wind. Masthand hält Mast am Gabelbaum aufrecht, neigt ihn dann stark vor, Segelhand holt hinten Gabelbaum dicht. Mit vorderem Fuß abstemmen!

   Rigg in Luv aufholen? Halb aufholen, Segel im Wasser schleifen lassen, Wind drückt Brett und Segel herum, bis Rigg wieder in Lee liegt.

6. Anluven und Abfallen: Beim Geradeaussegeln Mast abwechselnd nach vorn und hinten neigen, Gewichtsverlagerung

   Unterarme werden hart? Surfpause. Arme hochhalten und ausschütteln.

7. Wenden: Anluven bis in den Wind: Mast stark nach hinten neigen, vorne um Mast herumtreten, zum Neu-Ansegeln Mast stark vorneigen. Bei zu wenig Schwung die Wende mit Drehung nach 4. zu Ende drehen.

8. Halsen: Abfallen bis Vorwind, Gewicht auf vorderes Bein legen. Segel quer zum Brett, Mast zur Seite kippen. Rigg an Startschot nach vorne rumschwingen und Segel auf der anderen Seite dichtholen.

   Wenden und Halsen üben bis zum geschlossenen Manöverkreis, auch andersherum (nicht nur auf Schokoladenseite).

   Immer locker bleiben. Nie bis zur Verkrampfung surfen. Zu zweit oder in Gruppe mehr Spaß und gegenseitige Korrektur.

Segelsurfen bei mittlerem Wind

II

A Allgemeine Surf- technik

1. Die verschiedenen Griffe

Surfen ist eine Sportart, die den Einsatz der gesamten Körpermuskulatur verlangt. Für das Surfen bei stärkerem Wind ist eine gute allgemeine Kondition Voraussetzung; aber auch das Verhältnis der Kraft zum Körpergewicht ist entscheidend. Übergewichtige werden bei stärkerem Wind erheblich größere Schwierigkeiten haben als Normalgewichtige.
Für alle aber ist die Kraft der Unterarm-Muskulatur der neuralgische Punkt beim Surfen. Während der gesamte Körper beim Surfen dynamisch arbeiten kann, muß die Unterarm-Muskulatur die Finger starr und konsequent geschlossen halten. Das bedeutet schnelle Verkrampfung und Ermüdung der Muskulatur. Gehen Sie deshalb bei stärkerem Wind nicht ohne vorherige Lockerungsübungen aufs Wasser! Jeder

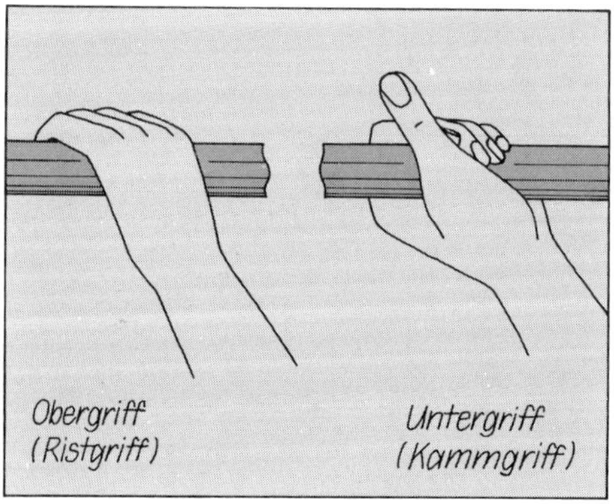

Der Oberarmgriff dient vor allem zur Entlastung der Fingermuskulatur. Der Baum wird entweder direkt unter der Achsel oder in Ellbogenhöhe unter dem Oberarm geführt. Die Masthand wird dadurch ebenfalls entlastet.

Sportler macht sich, d. h. seine Muskeln, vorher warm. Dadurch treten Ermüdungserscheinungen sehr viel später ein und lassen sich dann auch leichter überwinden.
Eine weitere Entlastung der Unterarm-Muskulatur erreicht man durch unterschiedliche Griffe am Gabelbaum. Wir unterscheiden den ***Obergriff (Ristgriff)*** und den ***Untergriff (Kammgriff).*** Standardgriff ist der Ristgriff, bei dem der Handrücken nach oben zeigt. Der Kammgriff eignet sich besonders für die Masthand – Handfläche zeigt nach unten –, weil das Handgelenk bei diesem Griff nicht abgeknickt werden muß und Arm und Hand geradlinig auf den Baum zulaufen. Häufig kann man eine ausdauernde Haltekraft in den Fingern entfal-

ten, wenn der Daumen neben den Fingern liegt, die Hand den Gabelbaum also nicht wie eine Zange von beiden Seiten umschließt, sondern ihn von oben oder unten einseitig nur „einrasten" läßt.
Als dritten muß man noch den ***Oberarmgriff*** (oder ***Ellbogengriff***) nennen, der ganz besonders die Finger der Segelhand entlastet. Der Baum wird dabei anstatt mit der Segelhand entweder direkt unter der Achsel oder in Ellbogenhöhe unter dem Oberarm geführt. Auch die Masthand wird dadurch entlastet.

2. Segelsurfen bei stärkerem Wind

Sie haben jetzt schon eine ganze Menge gelernt. Sie können geradeaussegeln, Sie können Schlangenlinien segeln, d. h. Sie können auch Hindernissen ausweichen, Sie können kreuzen und eine Wende segeln und haben es gelernt, mit einer Halse auf den ursprünglichen Kurs, d. h. die ursprüngliche Fahrtrichtung, zurückzukehren. Wenn Sie diese beiden Manöver bei weniger Wind und glattem Wasser noch etwas trainieren, sind alle Voraussetzungen gegeben, daß Ihnen bei nächster Gelegenheit, wenn der Wind stärker weht, endlich *das* Surferlebnis zuteil wird. Am besten ist es, wenn Sie einen Tag erwischen mit Wind von etwa 3–4 Beaufort (Bft), an dem das Wasser noch ruhig ist. Sie sollten eine Stelle mit auflandigem Wind suchen, da er stetiger ist und da Sie nicht abtreiben können. Im Vergleich zum gewohnten Surfen wird sich nichts an der Technik ändern, nur daß der Wind eben mehr Druck auf Ihr Segel ausübt. Stellen Sie sich also darauf ein, daß Sie der Windkraft im Segel mehr Gegengewicht entgegensetzen müssen.
Das Anfahren bei mehr Wind ist für die meisten wahrscheinlich die schwierigste Phase überhaupt. Stellen sie den vorderen Fuß wieder kurz vor den Mastfuß, neigen Sie den Mast etwas nach vorn und außerdem dem Wind entgegen, also nach Luv. Jetzt ziehen Sie mit der Masthand den Mast langsam zu sich heran, um dann beim Anziehen des Baumes, also beim Dichtnehmen des Segels, Ihr Körpergewicht nach außen zu verlagern. Sie gleichen den Gegendruck zum Segeldruck also nicht mehr durch Ihre Standfestigkeit aus, sondern lehnen sich mit Ihrem Körper voll nach außen und nach hinten und ziehen dabei das Rigg mit nach Luv. Mit der Segelhand können Sie dann das Segel dichtholen oder fieren und so

Unterschied zwischen Segelboot und Segelsurfer bei stärkerem Wind: Das Segelboot und sein Rigg neigen sich nach Lee, der Segelsurfer zieht sein Rigg gegen den Wind nach Luv. Beide aber, Surfer und Segler, hängen sich mit ihrem Gewicht nach Luv raus.

das Gleichgewicht zwischen Ihnen und dem Rigg aufrechterhalten. Halten Sie Mast- und Segelarm leicht angewinkelt, um jederzeit das Rigg fieren oder ranholen, also flexibel führen zu können.

Sowie Sie in Fahrt sind, nehmen Sie den vorderen Fuß knapp hinter den Mastfuß zurück und stemmen das Bein nahezu gestreckt gegen den Mastfuß. Das hintere Bein ist leicht angewinkelt, um den Ausgleich mit dem Körperschwerpunkt vornehmen zu können.

Dies ist die typische Segelsurfer-Haltung, wie man sie auf vielen Fotos sieht.

Bei stärkerem Einwinkeln gelangt Ihr Körperschwerpunkt dichter über die Mitte des Brettes, bei stärkerem Strecken kommt Ihr Schwerpunkt weiter hinaus: Sie üben also eine größere Gegenkraft aus. Das gleiche gilt für die Armarbeit: Bei gestreckten Armen hängen Sie weiter draußen, bei ganz angewinkelten Armen, wenn Sie den Baum vor der Brust halten, sind Sie natürlich je nach Lage und Neigung des Mastes mit Ihrem Körperschwerpunkt etwa wieder über den Füßen. Da der Wind auch bei schönem Wetter z. B. an der See nicht stetig bläst, genügt häufig die Ausgleichsarbeit mit den Armen allein nicht. Wie ein Boxer oder Skifahrer muß der Segelsurfer auch seine Beine einsetzen, um durch Einknicken von der vollen Streckung bis in die tiefe Hocke die Windböen auszugleichen.

Es ist vielleicht beim ersten Mal ein unge-

Gute Beinarbeit des Surfers auf Halbwindkurs. Der Wind hat etwas nachgelassen, und der Surfer knickt in den Kniegelenken stark ein, um den Gewichtsausgleich sofort wiederherzustellen. So bringt er den Körperschwerpunkt weiter zur Brettmitte.

wohntes Gefühl, sich so weit über das Brett hinaus über das Wasser zu hängen, aber es ist ja nur ein Ausgleich der Kräfte, was Sie da vornehmen.
Ab 3 bis 4 Bft werden Sie merken, daß Ihr Brett eine enorme Geschwindigkeit macht, wenn der Wind etwa von der Seite kommt. Das Brett fängt an zu gleiten, d. h. es hebt sich durch seine eigene Fahrgeschwindigkeit mit der vorderen Hälfte über das Wasser und liegt nur noch etwa vom Mast bis zum Heck auf dem Wasser auf. Jetzt heißt es: durchhalten, sauber geradeausfahren und alle Böen ausgleichen.
Was nun kommt, ist nur noch Übungssache und auch Selbstkontrolle, um festzustellen, daß man so segelt, wie man es gelernt hat. In diesem Lernstadium haben Sie eine wichtige Trainingshilfe, wenn Sie sich auf dem Wasser Markierungen wie vor Anker liegende Boote oder Bojen als Geländehilfe aussuchen, die Sie dann in einer Reihenfolge absegeln können. Sie zwingen sich dadurch, festgelegte Punkte zu erreichen, zu runden und einen neuen Punkt anzusteuern. Wenn Sie das schaffen, und zwar bei 3 bis 4 Bft, dann haben Sie sich „freigesurft".

3. Der Starkwindstart

Wir haben den Start bei stärkerem Wind bereits beschrieben. Ein wirklicher ***Starkwindstart*** ist allerdings noch erheblich schwieriger. Die Grundtechnik ist die gleiche. Nur im Bewegungsablauf muß der Starkwindstart noch genauer und kontrollierter ausgeführt werden. Ab etwa 4 Bft ist Wind im Überfluß vorhanden. Die gesamte Windkraft kann der Surfer nicht mehr in Fahrt voraus umwandeln. Er fängt mit seinem Segel deshalb nur so viel Wind ein, wie er kräfte- und gewichtsmäßig in Fahrt voraus verarbeiten kann. Ein Starkwindstart ist etwa vergleichbar mit dem Tiefwasserstart eines Monoski-Fahrers. Beide Starts gelingen nur, wenn die Beschleunigungsphase mit Kraft, Mut und Technik überwunden wird.
Und das ist der Ablauf eines Starkwindstarts:
1. Nach Einnehmen der Grundstellung drehen Sie Ihr Brett auf einen Raumkurs. Das frei flatternde Segel zeigt dabei schräg nach vorn.
2. Die Masthand zieht den Gabelbaum an der Schulter vorbei, so daß die Mastspitze weit nach Luv zeigt. Achten Sie in dieser Phase besonders darauf, daß Ihr Brett die Stellung auf Raumkurs beibehält.
3. Greifen Sie mit der Segelhand an den Gabelbaum, wofür Sie den Oberkörper leicht in Fahrtrichtung drehen müssen. Ziehen Sie jetzt vorsichtig mit der Segelhand das Segel dicht, wobei Sie im gleichen Moment in die Hocke gehen und sich gegen den aufbauenden Segeldruck nach hinten wegstemmen. Dieser Moment des Dichtholens und gleichzeitigen Hinauslegens Ihres Körpers gegen den Segeldruck ist die wichtigste und sturzgefährdetste Phase des Starkwindstarts. Je sorgfältiger und kontrollierter Sie diese Phase einleiten und überwinden, um so weniger leicht werden

Sie stürzen. In dieser Startphase beschleunigt Ihr Brett sehr schnell. Bei zunehmender Geschwindigkeit spüren Sie, daß der Winddruck zunehmend geringer wird. Sie können nun den Gabelbaum dichterholen, zumal durch den stärkeren Fahrtwind der scheinbare Wind jetzt mehr von vorn kommt. Ihr vorderer Fuß soll beim Starkwindstart kurz vor dem Mast oder am Mastfuß selber stehen.
Manche Bretter neigen konstruktionsbedingt bei stärkerem Wind leichter zum Anluven als andere. Haben Sie ein Brett mit starker Luvneigung, müssen Sie Ihren vorderen Fuß noch etwas weiter vor den Mast stellen, um mit dem vorderen Bein das Brett am Anluven zu hindern. Ein Starkwindstart verliert sofort seinen Schrecken, wenn Sie den Gleichklang zwischen kontinuierlichem Dichtholen des Segels und entsprechendem Hinauslegen Ihres Körpers als Gegenkraft zur Windkraft finden.

4. Stürzen

Das Schöne beim Windsurfen ist, daß man im Gegensatz zum Skifahren z. B. immer an seiner Leistungsgrenze surfen kann. Stürze sind bei starkem Wind zwar spektakulär, aber ungefährlich, wenn man weiß, wie sie zustande kommen können. Stürze geschehen vorwiegend während eines Manövers oder beim Abfallen vom Amwindauf Raumkurs oder auch einfach auf Raumkurs bei sehr hohen Geschwindigkeiten. Stürze am Wind sind seltener, eigentlich nur bei außergewöhnlich böigem Wind. Beim Abfallen von einem Amwindauf einen Raumkurs müssen Sie Ihr Körpergewicht synchron zu dem Bogen, den Sie surfen, nach hinten in Richtung Heck des Brettes verlagern, um die sich ändernde Druckrichtung auszugleichen. Sie müssen sich mit dem vorderen Bein stärker abstemmen. Achten Sie strikt darauf, daß beim Abfallen der Mastarm angewinkelt bleibt. Ein Vernachlässigen dieser Regeln führt über den Segelzug nach vorn zu einem mehr oder weniger weiten Sturz des Surfers über das Brett: ein typischer ***Schleudersturz!***
Die meisten Bretter unterschneiden recht schnell mit dem Bug, d. h. sie bohren sich mit dem vorderen Teil des Brettes ins Wasser. Durch dieses Eintauchen wird das Brett urplötzlich abgebremst: Der Surfer fliegt meist wie vom Katapult geschleudert über das Brett nach vorn ins Wasser: der ***Tauchsturz.*** Routinierte Surfer ahnen bereits im voraus, was kommen muß; sie lassen sich von einem Sturz nicht überraschen. Sie lassen den Gabelbaum los, bevor er sie nach vorn ins Wasser reißt.
Der berüchtigte ***Kentersturz*** tritt konstruktionsbedingt nur bei Brettern mit Schwert auf. Der Kentersturz ist ein physikalisch interessantes Phänomen. Seine Ursachen hier exakt zu beschreiben, würde aber zu weit führen. Hebelarme, Schwerpunktverlagerung sowie die Auftriebskräfte am Schwert bei hoher Geschwindigkeit können auf Halbwind- oder Raumkurs das Brett zum Kentern bringen. Es dreht sich

Die letzte Phase eines Kentersturzes. Die rasante Fahrt, noch am Kielwasser erkennbar, ist plötzlich unterbrochen, das Brett schlägt blitzartig nach Lee weg – einen Augenblick später stürzt der Surfer von der Kante ins Wasser.

dann blitzartig ohne Voranzeichen um seine Längsachse. Der Surfer rutscht völlig überrascht vom Brett.
Ein rechtzeitiges Erkennen oder Erahnen kann den Sturz verhindern. Dazu drückt der Surfer mit beiden Füßen die aufsteigende Luvseite des Brettes hinunter, muß aber gleichzeitig mit der Segelhand das Segel etwas fieren, um die Geschwindigkeit zu verringern. Der Surfer kann seine Füße wieder weiter zur Mitte des Brettes bringen. Die Gefahr ist gebannt.

Um aber grundsätzlich einen Kentersturz auf Raumkurs bei hoher Geschwindigkeit zu verhindern, muß man das Schwert halb herausziehen oder aber ein spezielles kurzes Sturmschwert benutzen. Bretter mit durchgezogener Kielflosse leiden unter diesem physikalischen Übel nicht.
Wenn Sie die Ursachen eines Sturzes erkennen, werden Sie bei zunehmender Routine einen Sturz schon in etwa vorhersehen und können dann rechtzeitig Gegenmaßnahmen einleiten.

5. Die Stopphalse

Ein Segelsurfer kann, wegen seiner besonderen Konstruktion (fehlendes Ruder), seinen Kurs nicht so schnell ändern wie z. B. Segeljollen. Dennoch hat der Surfer gegenüber einem Segelboot einen großen Vorteil, was das Ausweichen angeht: Er kann sein Brett auf der Stelle stoppen. Weniger geübte Surfer machen das so, indem sie das Rigg loslassen und im Notfall auch noch vom Brett ins Wasser springen, damit die Masse des Brettes im Falle einer Kollision geringer ist. Das Brett kommt durch das im Wasser schleifende Rigg dann sofort zum Stillstand.

Durch die Stopphalse läßt sich ein Surfbrett aber erheblich eleganter abbremsen. Dabei wird nicht das Wasser als Bremsmittel benutzt, sondern der Wind. Grundlage der Stopphalse ist die altbekannte Drehübung (Seite 30 ff.). Lediglich auf Raum- und Vorwindkursen funktioniert die Stopphalse nicht. Auf diesen Kursen hilft in der Not nur eines: das Segel loslassen!

Und so wird mit der Stopphalse gebremst: Sie segeln auf einem Amwind- bis Raumkurs. Plötzlich taucht ein Hindernis auf, Sie müssen schlagartig bremsen. Mit der Masthand halten Sie nun den Gabelbaum fest und stemmen sich mit der Segelhand mit aller Kraft gegen den Gabelbaum, und zwar bis der Wind von der anderen Seite in das Segel einfällt. Drücken Sie das Segel so lange gegen den Wind, bis das Brett stillsteht. Je nachdem wie schnell und kräftig Sie dies tun, steht Ihr Brett in kürzester Zeit. Wenn Sie dann von dem Hindernis ablaufen wollen in eine andere Richtung, führen Sie die Stoppbewegung in eine Drehbewegung weiter; Sie halten den Baum nur noch mit der Masthand und drehen wie in der Drehübung den Bug unter dem Segel durch, das Heck geht durch den Wind. Sie haben eine vollständige Halse gefahren und surfen in entgegengesetzter Richtung davon. Als Vorübung zur Stopphalse empfiehlt es sich, bei starkem Wind die Drehübung besonders schnell auszuführen.

6. Letztes Manöver

Mit dem letzten Manöver ist nicht etwa ein schnelles Ausweichmanöver im letzten Augenblick vor einem drohenden Zusammenstoß gemeint, sondern vielmehr eine Technik, bei auflandigem Wind ans Ufer zurückzukommen, wenn der Wind so stark geworden ist, daß der Surfer den ohnehin schwierigen Raum- oder Vorwindkurs nicht mehr bewältigt. Im Prinzip kann man sich natürlich einfach zurücktreiben lassen, hat dann aber keine Möglichkeit, das Brett zu steuern.

Die Technik des letzten Manövers ist nur möglich aufgrund des allseitig beweglichen Mastes, also der konstruktionsbedingten Eigenart des Segelsurfers, die ein Segelboot nicht besitzt.

Ist Ihnen also der – auflandige! – Wind zu stark geworden, lassen Sie mit der Segelhand den Gabelbaum los, halten also mit einer Hand oder mit beiden das Rigg an der

Startschot fest, und zwar immer so, daß das Gabelbaumende weit genug über dem Wasser steht. Das Segel weht dann dem Surfbrett wie eine Fahne voran, es flattert frei im Wind. Die sehr großen Hebeldrücke bei dem auf Vorwindkurs querstehenden Segel fallen dann weg; andererseits bietet das flatternde Segel dem starken Wind genug Widerstand, um das Brett voranzutreiben und steuerbar zu machen.
Diese Technik funktioniert selbst auf gut raumen Kursen noch, und Sie werden staunen, wie zentimetergenau sich das Brett steuern läßt. Letztlich ist dies nichts weiter als ein Teil der bekannten Drehübung. Aber unbedingt stets das Segel vom Wasser freihalten!

B Technik auf verschiedenen Kursen

Unter Surftechnik wollen wir hier die optimale Bedienung des Systems Segelsurfer verstehen, mit anderen Worten: die Handhabung des Segelsurfers durch reaktionsschnellen, aber doch kräftesparenden Einsatz des Körpers, und zwar so, daß das Brett unter jeder Bedingung seine größte Geschwindigkeit erreichen kann. Der Surfer selbst ist ja teils Transmission der Segelkraft vom Rigg zum Brett, teils aber auch der Steuermotor, der das Rigg immer im günstigsten Winkel zum Wind hält. Die Hände haben feste Positionen am Baum, während die Fußstellung sehr den Gegebenheiten angepaßt werden muß. Die Beinarbeit ist einmal für einen gut ausbalancierten, kräftesparenden Stand wichtig, zum anderen aber auch für die Belastung, also den Schwimmzustand des Brettes. Jeder Kurs und jeder Geschwindigkeitsbereich verlangen eine neue Fußposition.
Die weiteren Einzelheiten darüber beziehen sich stets auf den Durchschnittssurfer von ca. 70 kg Gewicht und auf das Durchschnittsbrett. Um die eigene Surftechnik vor allem längerfristig einsetzen zu können, bedarf es einer guten Kondition.

1. Segelsurfen auf Amwindkurs

Beim Surfen am Wind kommt es darauf an, eine möglichst hohe Zielgeschwindigkeit zu erreichen. Die ***Zielgeschwindigkeit*** hängt ab von der Geschwindigkeit des Brettes, seiner Höhe gegen den Wind sowie seiner Abdrift. Sie meint also nicht die möglichst hohe, meßbare Geschwindigkeit durchs Wasser, sondern sie setzt sich zusammen aus schnellem Geradeaussegeln bei einem möglichst kleinen Winkel gegen den Wind. Mit anderen Worten: Es kommt darauf an, die Strecke von A nach B gegen den Wind in möglichst kurzer Zeit zurückzulegen.
Beginnen wir mit der Segeltechnik dieses Kurses bei Mittelwind. Die Gewichtsverteilung sollte so sein, daß der Surfer am Heck keine große Heckwelle hinter sich herzieht. Bei normalen Wellenverhältnissen befindet sich ein Fuß vor dem Mast, der andere ei-

Surftechnik am Wind. Das Brett ist in der Längsachse gut ausgetrimmt. Es hat gerade eine Tonne gerundet – hier sieht man die Phase des Anfahrens. Beachte den nach vorn gestemmten Fuß.

nen halben Schritt dahinter. Wichtig bei der gesamten Gewichtsverteilung ist also einmal der glatte Wasserabfluß am Heck; das Heck darf nicht zu tief ins Wasser gedrückt werden. Zum anderen soll man durch leichte Verlagerung des Gewichtes nach vorn die volle Wasserlinienlänge des Brettes ausnutzen.

Eine alte Regel sagt: Länge läuft! Das trifft auch auf den Segelsurfer zu. Wenn Sie allerdings bei einem mittleren Wind von 2 bis 3 Bft surfen und gleichzeitig eine übernormal hohe, kurze Welle haben, so empfiehlt es sich, das Gewicht etwas weiter zurückzunehmen, so daß der Bug des Brettes leicht über die Welle hinwegkommt; auf keinen Fall darf der Bug sich in die Welle hineinbohren.

Um dem Brett die Anpassung an die Wellenformation leichterzumachen – das Auf- und Absegeln über die Wellen –, gilt als wichtige Regel, das Körpergewicht möglichst auf dem Kippunkt des Brettes zu konzentrieren. Die Füße stehen dabei eng beieinander, ohne daß der Stand dadurch unsicher werden darf.

Der Kippunkt des Brettes ist der imaginäre Punkt, um den es die Wellen hinauf- und hinunterschaukelt. Er ist leicht zu finden, weil das Brett dort am wenigsten Bewegungen macht. Stehen die Füße auf diesem Punkt, werden die Enden des Brettes beim Auf- und Abpendeln entlastet, und es kann sich leichter ohne Fahrtverlust über die Wellen hinwegschaukeln.

Nun zur Stellung von Mast und Baum: Auf jeden Fall wird der Mast möglichst senkrecht gefahren, von vorn gesehen. Die Neigung nach vorn oder hinten ergibt sich von selber, wenn das Brett einen ausgeglichenen Geradeauskurs segeln soll. Neigt man den Mast zu stark zur Lee- oder Luvseite, verliert man an effektiver Segelfläche. Am Wind wird naturgemäß das Segel dichter gefahren als auf Halbwind- oder Vorwindkurs. Dabei ist gerade beim Ausbalancieren auf dem Brett wichtig, den Baum nicht zu überziehen.

Damit meinen wir, der Baum sollte möglichst nicht so weit angezogen werden, daß das Baumende über die Mittschiffslinie ragt. Nur bei lose gefahrener Trimmschot kann das Baumende ungefähr bis zur Luvecke des Hecks gezogen werden, aber dort ist ganz sicher die äußerste Grenze. Wird der Baum nämlich noch weiter nach Luv gezogen, wirkt das Segel wie eine Luftbremse. Zieht man den Baum übermäßig nach Luv, reagiert das Brett mit starker Luvgierigkeit, die man sofort durch Neigen des Mastes nach vorn ausgleichen muß. Die Folge ist ein doppelter Fahrtverlust: Zum einen wirkt das überzogene Segel als Bremse, zum anderen strömt der Wind aus dem überstark nach vorn geneigten Segel sehr ungünstig ab – es verliert an Vortriebskraft.

Beim permanenten Ausbalancieren auf dem Brett ist aber vor allem darauf zu achten, daß das Rigg nicht zu stark in Bewegung gerät. Es soll möglichst nur langsam nach vorn und hinten geneigt werden, um die Geradeausfahrt auszubalancieren. Der Baum wird mit der Segelhand nur zu dem Zweck leicht dichter bzw. etwas lockerer gefahren, um den unterschiedlich starken Winddruck aufzufangen.

Die Kunst, sauber am Wind zu segeln, besteht also darin, die Geradeausfahrt durch nur leichtes Auspendeln des Mastes nach vorn oder hinten zu stabilisieren und im übrigen nur durch ganz leichte, weiche Bewegungen das Rigg auf den unterschiedlichen Winddruck bzw. auf die immer ein wenig wechselnde Richtung des Windes einzustellen. Man muß nämlich bedenken, daß selbst auf Seerevieren der Wind nie stetig aus der gleichen Richtung kommt; er wechselt permanent seine Richtung um einige Grade.

Bei mittleren Windverhältnissen kann der Surfer das Platschen des Brettes in oder auf die Welle dadurch abschwächen, daß er leicht federnd in die Knie geht, wobei aber auf keinen Fall das Rigg zu stark in Bewegung kommen darf. Durch einen sicheren Stand der Füße auf der Mittschiffslinie wird auch gewährleistet, daß das Brett in der Querachse so gut wie keine Bewegungen macht, es sei denn solche, die durch die Welle hervorgerufen werden.

Vergessen Sie nicht: Ein optimaler Kreuzkurs besteht darin, nicht nur schnelle Fahrt voraus zu machen, sondern auch hoch am Wind zu segeln. Ihre Kreuztechnik können Sie nur im Wettkampf beurteilen oder durch Vergleich mit einem Partner, der als Maßstab gilt.

Bei leichtem Wind sieht die Segeltechnik nicht viel anders aus. Der Gewichtstrimm ist dabei noch etwas wichtiger. Bei leichtem Wind sind normalerweise überhaupt keine Wellen vorhanden. Das Gewicht kann also noch etwas mehr nach vorn verlagert werden, um die Wasserlinie noch weiter zu verlängern und den Wasserabfluß am Heck noch günstiger zu gestalten, so daß die Wasserlinien am Heck schlanker werden und das Heckwasser leichter abläuft. Bei leichtem Wind muß der Baum mit der Segelhand noch feinfühliger, noch weicher und exakter geführt werden, um jeden Windhauch gut einzufangen. Wird der

Wind so leicht, daß das Segel durch die Windkraft nicht mehr in sein Profil gedrückt wird, so kann man das gesamte Rigg leicht nach Lee hängen lassen; durch die Schwerkraft fällt das Segel selber in sein Profil.
Die seitliche Führungskraft, also das Abtreiben des Brettes, hängt mit der Geschwindigkeit zusammen. Bei leichtem und ganz leichtem Wind treibt jedes Segelboot, so auch ein Segelsurfer, mehr zur Seite ab als bei stärkerem Wind. Man kann die Seitenfläche des Brettes vergrößern, wenn man es auf der Leeseite mit den Füßen etwas stärker belastet, so daß die Luvseite leicht aus dem Wasser herauskommt und die Leeseite ins Wasser gedrückt wird. Die Seitenführung des Rumpfes erhöht sich geringfügig, die Seitenführung des Schwertes und der Finne verringert sich minimal, da sie sich ja nicht mehr senkrecht im Wasser befinden. Gleichzeitig wird die benetzte Oberfläche reduziert und damit der gesamte Reibungswiderstand, so daß das Brett leichter durch das Wasser fährt.
Die Technik, das Brett nach Lee zu kippen, kann man bei stärkerer Welle und wenig Wind auch dann anwenden, wenn das Brett stark aufklatscht. Es schneidet dann etwas weicher durch die Wellen.
Bei starkem Wind sind die Verhältnisse natürlich ganz anders. Eine gute Segeltechnik setzt jetzt – wie schon erwähnt – eine gute Kondition und rasches Reaktionsvermögen voraus. Das Brett fährt bei Windgeschwindigkeiten ab etwa 4 Bft schon so schnell, daß es sich vorn leicht aus dem Wasser hebt. Je nach Geschwindigkeit und Wellengang stemmt man jetzt den Fuß direkt hinter den Mast, oder aber der vordere Fuß steht vor dem Mast. Beide Füße sind um eine halbe bis ganze Fußlänge von der Mittschiffslinie nach außen an die Brettkante versetzt. Sie zeigen entsprechend dem weiten Hinaushängen des Surfers mit den Spitzen leicht nach vorn. Nimmt man das Gewicht bei gewissen Wellenformationen und Geschwindigkeiten zu stark zurück, dann wird man beobachten, daß das Brett vorn zu weit aus dem Wasser herauskommt und damit auch zu stark auf die Wellen schlägt, was jedesmal einen Bremseffekt zur Folge hat.

2. Segelsurfen auf Halbwind- und Raumkurs

Auf diesen Kursen werden ebenso wie mit den meisten Segelbooten die höchsten Geschwindigkeiten erreicht. Deswegen sind ein sicherer Stand, ein guter Griff und eine schnelle Reaktion besonders wichtig. Vor allem die blitzschnellen Reaktionen auf die Bewegungen des Brettes haben jetzt ausschlaggebende Bedeutung, denn bei starkem Wind zerrt nicht nur das Segel an den Armen, sondern auch das Brett fährt mit großer Geschwindigkeit über die Wellen und schlägt zum Teil sehr hart und plötzlich auf.
Bei dieser Geschwindigkeit ist das Wasser schon sehr hart, und das flache Brett

schlägt beinah so hart auf das Wasser wie auf eine ebene Betonstraße. Dieses Aufschlagen bewirkt ein plötzliches Abbremsen, das den Surfer nach vorn reißt. Das vordere Bein muß also sehr stark nach vorn abgestemmt sein, um diese Belastungen auffangen zu können. Die Fußspitze zeigt schräg nach vorn. Das hintere Bein steht jetzt schon nicht mehr auf der Brettmitte, sondern wird etwas weiter nach hinten und nach außen zur Kante gesetzt, um die Schräglage des Brettes korrigieren zu können.

Surftechnik bei halbem Wind. Das Rigg ist nach Luv gezogen. Die Füße stehen weit nach außen zum Brettrand und belasten die Luvkante möglichst stark: Vorsorge gegen einen Kentersturz.

An der runden Außenkante kann man sich besser abstützen, denn jetzt wirken ja nicht nur die Zugkomponenten durch das Segel und der Bremseffekt durch die Wellen, sondern gleichzeitig muß man dem Segeldruck zur Seite einen gehörigen Widerstand entgegensetzen. Das geschieht einmal dadurch, daß man sich mit dem gesamten gestreckten Körper weit hinauslegt und auch den hinteren Fuß leicht auf die Kante stellt. Ab einer bestimmten Wellenhöhe und -dichte muß der hintere Fuß wieder weiter auf die Mitte des Brettes gestellt werden, damit er nicht vom Wasserdruck der über das Brett fegenden Welle weggezogen wird. Legt man sich konsequent nach außen und auch nach hinten und stemmt man sich mit dem vorderen Bein nach vorn ab, so kann man am leichtesten verhindern, vom Segel nach vorn und nach Lee gezogen zu werden.

Beim Übergang vom Halbwind- auf Raumkurs wird der hintere Fuß noch weiter nach hinten und außen gesetzt. Bringt man das Gewicht nach hinten, kommt dies auch der richtigen Schwimmlage des Brettes entgegen. Es soll mit dem vorderen Bereich möglichst weit aus dem Wasser kommen. Durch die bei höheren Geschwindigkeiten wirksamen dynamischen Auftriebskräfte am Heck sinkt es bei dieser Belastung am Heck auch nicht mehr ein.

Vom Segel nach vorn und Lee gezogen zu werden, ist bei Starkwind auf Halbwind-

und Raumkursen die häufigste Ursache für Stürze. Wenn man erst einmal über einen gewissen Punkt nach vorn gezogen worden ist, wird es nicht mehr gelingen, das Rigg wieder in die Gewalt zu bekommen. Am besten läßt man dann sofort los und läßt sich nach hinten ins Wasser fallen. Das Rigg fällt dann nach vorn auf die Leeseite des Brettes. Hält man sich dennoch fest in der Hoffnung, das Rigg halten zu können, wird man in einem Bogen nach vorn über das Brett geschleudert ***(Schleudersturz),*** was nicht ganz ungefährlich sein kann. Auch Stürzen will gelernt sein! Denken Sie immer an die Regel, sich nach hinten vom Brett wegfallen zu lassen.
Das „Drachensegeln" verringert die projizierte Segelfläche. Deshalb ist es auch eine typische Starkwind-Technik – allerdings eine sehr kräftezehrende, weil der Surfer ständig einen Teil seines Gewichtes halten muß. Aber es bringt auch den größten Lustgewinn, wenn man ganz flach hängend über das Wasser zischt.
Man merkt schnell: Je höher die Geschwindigkeit auf diesen Halbwind- und Raumkursen wird, um so dichter muß man das Segel nehmen. Das hängt mit dem zunehmenden Fahrtwind zusammen, der zusammen mit dem wahren Wind jenen scheinbaren Wind bildet, mit dem jeder Segler, auch der Segelsurfer, segelt (vgl. Seite 74).
Man fährt also bei stärkerem Wind und also höherer Geschwindigkeit das Segel viel dichter als auf dem gleichen Kurs bei weniger Wind. Bei leichtem Wind auf Raumkurs ist es ähnlich wie beim Kreuzen: Der Mast soll möglichst senkrecht gefahren werden, von vorn gesehen, um keine Verluste der effektiven Segelfläche hinnehmen zu müssen. Der Anstellwinkel des Segels zum Wind ist sehr schnell herauszubekommen: Das Segel muß gerade so dicht gefahren werden, daß es nicht mehr fällt oder flattert – und zwar an keiner Stelle mehr.
Mit der Gewichtsverteilung verhält es sich genau wie beim Amwindkurs: Bei leichterem Wind stellt sich der Surfer weiter nach vorn, um einen glatteren Ablauf des Wassers am Heck zu gewährleisten. Bei stärkerem Wind steht man einen viertel oder halben Schritt weiter hinten. Allerdings steht jetzt notwendigerweise der vordere Fuß auf der Luvseite vom Mast, der hintere normalerweise auf der Mittschiffslinie, der gesamte Körper etwa parallel zum Segel.
Achten Sie bei mehr Wind auf allen Kursen darauf, daß Sie möglichst viel Fläche von Ihren Schuhen auf die Standfläche des Brettes bekommen: um so rutschfester stehen Sie!

3. Segelsurfen auf Vorwindkurs

Das Segeln vor dem Wind ist mit Abstand der unangenehmste Kurs beim Segelsurfen. Das liegt daran, daß das seitliche Ausbalancieren jetzt wegfällt, weil der Wind von hinten kommt. Man kann sich also nicht quer zum Brett gegen den Wind hinauslehnen und dadurch ein Gleichgewicht herstellen. Außerdem ist der Segeldruck auf diesem Kurs sehr unterschiedlich, weil

keine gleichmäßige Strömung am Segel anliegt. Die Luft fließt unregelmäßig vom Segel ab. Zum Ausbalancieren können Sie nicht, wie auf den anderen Kursen, feinfühlig mit der Segelhand arbeiten.
Eine weitere Schwierigkeit liegt darin, daß die Füße jetzt nicht mehr auf der Mittschiffslinie stehen können, sondern links und rechts davon, und zwar so, daß der vordere Fuß der Segelseite gegenübersteht, der hintere auf der Segelseite des Brettes; Distanz: eine halbe bis dreiviertel Schrittlänge. Während der vordere Fuß in Brettrichtung zeigt, steht der hintere mit der Fußspitze leicht zum Brettrand gedreht. Die Beine sind ebenso wie die Arme leicht angewinkelt. So kann man am besten den Zug nach vorn, die Querbewegungen des Riggs, das mögliche Schlagen des Brettes auf die Wellen sowie negative und positive Beschleunigungen des Gerätes abfangen. Belastet man die Beine unterschiedlich stark, fängt das Brett sofort an, seitliche Bewegungen auszuführen. Man hat spätestens jetzt das Gefühl, auf einer kippligen Planke zu stehen. Versuchen Sie, Ihr Gewicht möglichst auf den vorderen Fuß zu konzentrieren.
Bei mittelstarkem Wind läßt sich ein Segelsurfer auf einem Kurs vor dem Wind noch ganz gut dirigieren. Der Mast wird so weit seitlich hinausgeneigt, bis sich der Segeldruckpunkt über dem Mittelpunkt des Brettes befindet (Seite 76). Um keine Flächenverluste zu haben, wird der Mast wieder möglichst ganz senkrecht gefahren, von der Seite her gesehen. Die Segelhand korrigiert den Anstellwinkel des Segels, um damit die nie ganz konstante Windrichtung auszugleichen. Wenn der Wind genau von hinten kommt und das Segel im rechten Winkel zum Brett steht, fährt der Windsurfer am stabilsten.
Der Wind hat jetzt aber die Möglichkeit, bei dieser Segelstellung zum Wind einmal über den Mast hin abzufließen oder auch über

Abfallen von Raum- auf Vorwindkurs. Das Schwert ist bereits herausgezogen. Der Surfer belastet sehr stark seinen vorderen Fuß, um das Brett noch mehr vor den Wind zu bekommen.

Beim Surfen vor dem Wind steht das Segel quer zum Brett.

das Achterliek. Diese Abflußrichtung des Windes ändert sich mit dem Winkel, in dem er auf das Segel trifft. Dadurch kann ein Schaukeleffekt hervorgerufen werden. Läuft der Wind über das Achterliek ab, so entsteht ein Druck in die dem Segel gegenüberliegende Richtung. Läuft der Wind überwiegend über den Mast ab, so entsteht ein Druck zu der Seite, auf der das Segel steht. Diese stets wechselnden Abflußkräfte gilt es durch gute Beinarbeit auszugleichen.

Die Gewichtsverteilung muß so sein, daß der Wasserabfluß am Heck des Brettes ohne Wirbel und Heckwelle vor sich geht. Dies gilt übrigens für alle Kurse. Das Schwert kann herausgezogen werden, um den Reibungs- und Formwiderstand des Brettes zu verringern. Das erfordert aber ein besonders gutes Balancegefühl. Das Rigg wird einen Augenblick mit nur einer Hand gefahren, mit der anderen Hand zieht man das Schwert heraus und nimmt es in eine Hand oder hängt es über einen Arm – am besten den Segelarm. Aber zur Warnung: Das sollte man eigentlich nur dann tun, wenn man wirklich sehr sicher ist! Sonst fliegt der Surfer mit dem Schwert überm Arm ins Wasser, läßt das Schwert reflexartig los – und muß es vorm neuen Ansegeln erst wieder suchen.

Bei leichtem Wind ändert sich die Technik des Segelsurfens vor dem Wind eigentlich nicht. Der Mast kann bei ganz leichtem Wind etwas über die Senkrechte hinaus nach vorn geneigt werden, damit das Segel durch die Schwerkraft in sein Profil fällt.

Das Vorwindsurfen bei starkem Wind ist auch für ausgesprochene Könner sehr schwer. Eine ganz wichtige Regel: Der Mast sollte stark nach hinten geneigt werden, um den Segeldruck leichter ausbalancieren zu können. Auch der Gabelbaum sollte nicht soweit seitlich ausgefahren werden wie bei mittlerem oder leichtem Wind. Durch einen Winkel des Segels von 75 bis 80° zum Brett ergibt sich eine geringere projizierte Fläche zum Wind, ebenso durch ein Zurückneigen des Mastes, und die Luftströmung fließt dann nur über den Mast ab, so daß der erwähnte Schaukeleffekt hier weitgehend wegfällt. Auch bleibt

der Segeldruckpunkt auf diese Weise ständig hinter dem Mast, was die Kontrolle des Segels erleichtert.
Auf Vorwindkurs liegt der gesamte Gewichtsschwerpunkt entsprechend hoch, und man steht entsprechend wacklig. Das kann man durch Knien etwas mildern. Dabei kniet man mit dem zum Segel zeigenden Bein auf dem Brett, während das andere angehockt ist. Knien Sie etwas weiter hinten, so ziehen Sie automatisch das Rigg weiter nach hinten und können es bei stärkerem Wind auch leichter halten, weil die projizierte Fläche kleiner geworden ist. Die kniende Haltung gibt einen erheblich sichereren Halt nach vorn; man kann, ohne Fußstellung und Haltung groß zu ändern, jederzeit schnell wieder aufstehen. Vor allem wird die seitliche Stabilität durch den tieferen Schwerpunkt stark erhöht.
Viel mehr kann man zur Surftechnik auf Vorwindkurs bei stärkerem Wind eigentlich nicht sagen – der Rest ist wie immer Training, Gefühl und Reaktion.

C Segelsurfen in der Brandung

Wer in den Genuß kommt, bei großen, gleichmäßig in einer Richtung rollenden Wellen zu surfen, wird den höchsten Spaß mit seinem Segelsurfer erleben. Das Brett gleitet jetzt nicht nur, d. h. es kommt durch seine eigene Geschwindigkeit nicht nur aus dem Wasser heraus, sondern es tut jetzt das, was sein Name verspricht: Es surft die Wellen hinunter.
Surfen bedeutet nichts anderes, als permanent den schrägen Wellenvorderhang hinunterzufahren. Surft man die Welle genau in Wellenrichtung hinunter und hat man die gleiche Geschwindigkeit wie die Welle, dann bewegt man sich auch mit der Welle fort. Es kommt darauf an, möglichst lange eine Welle hinunterzusurfen, wobei das nicht nur genau in Wellenrichtung zu erfolgen braucht. Geübte Surfer – in diesem Fall wörtlich gemeint – versuchen, die Welle schräg hinunterzufahren, wobei die Geschwindigkeit noch erheblich erhöht wird und die Surfphase verlängert werden kann.
Surfen kann man also im ursprünglichen Sinne des Wortes nur, wenn die Welle von hinten kommt oder zumindest schräg von hinten. Die Surftechnik (hier: Wellenreittechnik) an sich ist sehr einfach: Wird man von einer Welle überholt, so versucht man, kurz bevor man tatsächlich überholt wird, das Brett etwa in Wellenrichtung zu bringen. Nun hebt die herankommende Welle das Heck an. In diesem Moment drückt man durch leichte Verlagerung des Körpergewichts das Brett mit dem Bug etwas mehr ins Wasser und zieht das gesamte Rigg zu sich heran, um das Brett noch einmal zusätzlich zu beschleunigen. Damit kommt man in etwa auf die Wellengeschwindigkeit, und das Brett wird leichter von der Welle mitgenommen. Nun hat sich die Geschwindigkeit des Brettes schlagartig er-

In der leichten auslaufenden Brandung kann der Surfer buchstäblich bis auf den Strand gleiten. Aber nur kurzes Schwert verwenden oder vorher das Normalschwert herausziehen!

höht. Das Segel muß jetzt in seinem Anstellwinkel zum Wind dichtergenommen werden, weil der stärkere Fahrtwind den Wind scheinbar stärker von vorn wehen läßt.

Ist die Welle schneller als das Brett, muß man durch weitere Gewichtsverlagerung nach vorn versuchen, das Brett länger auf der Welle zu halten. Will sich das Brett aber mit dem Bug in das Wellental bohren, muß man das Gewicht weiter nach hinten nehmen und etwas anluven, um der Welle nicht wegzufahren, so daß man den Wellenkamm schräg hinunterfährt.

Allerdings ist das Steuern des Brettes jetzt nicht mehr ganz einfach, weil der Druck im Segel sehr viel geringer geworden ist. Im Extremfall kann er sogar ganz nachlassen, wenn nämlich das Brett Windgeschwindigkeit erreicht (der Wind müßte dann allerdings von hinten kommen). In diesem Fall steht man tatsächlich auf einem Wellenreiterbrett, das nur noch durch Verlagerung des Körpergewichts steuerbar ist. Aber auch dieser Steuereinfluß ist begrenzt, weil das Brett, durch Finne und Schwert geführt, seine alte Richtung beibehalten möchte. Es ist sehr schwer, völlig oder fast ohne Druck im Segel die Balance zu halten. Stellen Sie sich beim Hinunterschießen einer Welle rechtzeitig darauf ein!

Durch die flache Form seiner Unterwasserseite ist der Segelsurfer zum Wellensurfen wie geschaffen; er wird auch von kleineren Wellen leicht mitgenommen, wenn das Brett durch Verlagerung des Körpergewichts und durch kurzes Anreißen des Riggs nach hinten in Schwung gebracht wird.

Beim Wellensurfen ist also in erster Linie die Welle die Komponente, die die Geschwindigkeit gibt, während beim Gleiten allein der Wind die vorwärtstreibende Kraft ist.

Wer an der offenen See surft, sieht sich häufig vor dem Problem, erst durch eine Brandung hindurchzumüssen. An den Küsten von Nordsee oder Mittelmeer z. B. herrscht nicht selten auch dann starke Brandung, wenn der Wind gar nicht so stark weht. Sie wird durch eine Dünung erzeugt, die von weither kommen kann und nicht in Windrichtung laufen muß.

In solchen Fällen beobachtet man zuerst einmal, wie häufig die besonders großen Wellen anlaufen. Sie können z. B. die Frequenz haben: vier kleinere, dann zwei größere. Wenn die Serie der größeren Wellen verlaufen ist, zieht man sein Brett mit fest eingestecktem Rigg in hüfttiefes Wasser

Mast und Brett sind zusammengesteckt, das Schwert ist eingeschoben. Das Brett wird umgedreht und am Bug geführt, das Rigg an der Startschot gezogen.

Der rechte Surfer schickt sich an, die nächste Brandungswelle zu durchsegeln. Der linke Surfer wartet beobachtend ab und hält solange sein Rigg lose an der Startschot.

– natürlich an einer Stelle, wo die Brandung relativ am geringsten erscheint. Dann heißt es schnell starten und Fahrt ins Brett bekommen. Man soll für das Durchsegeln des eigentlichen Brandungsgürtels auf jeden Fall den günstigsten Zeitpunkt abwarten, denn wer in diesem Bereich stürzt, hat es sehr schwer, sein Gerät wieder in Startposition zu bringen und von neuem zu starten.

Man sollte sich vor dem Start auch über die Strömung klarwerden. Meist vertreibt eine starke, quer zum Strand stehende Strömung das im Wasser treibende Gerät und auch den Surfer sehr schnell. Wichtigste Regel beim Durchsegeln einer größeren Brandungswelle: Fahrt im Brett und volles Segel! Wer nicht genügend Fahrt hat, wird von der Welle zurückgeworfen und stürzt. Genügend Druck im Segel braucht man, um die Balance zu halten und steuern zu können.

Man sollte unbedingt versuchen, die Brandungswelle im rechten Winkel zu durchsegeln. Durch die steile Welle wird das Brett halbwegs durchtauchen; dadurch wird es aber plötzlich viel langsamer. Den Stoß nach vorn durch dieses momentane Bremsen gilt es abzufangen. Der Surfer muß sich mit dem vorderen Bein fest gegen den Mastfuß stemmen und das Gewicht nach hinten legen. Im letzten Moment – man muß aber sicher sein, von der Welle nicht nach rückwärts gezogen zu werden – kann man das Segel öffnen: Man gibt mit der Segelhand etwas nach, um nicht jetzt noch durch den Bremseffekt und den Zug des Segels nach vorne zu stürzen.

Der Surfer ist in der strandnahen Brandung gestürzt ▶
und sichert zuerst sein Brett,
bevor es völlig auf den Strand geworfen wird.

Häufig sind Brandungswellen so hoch, daß das Brett geradezu wie in einem Lift nach oben steigt. In diesem Fall knickt man mit den Beinen ein und drückt das Körpergewicht nach hinten. Einen Augenblick später geht es dann wieder abwärts. Jetzt stemmt man sich hoch und gleicht so den Höhenunterschied der Welle aus. Skiläufer federn tiefe Bodenwellen auf die gleiche Weise ab.

Ein wichtiger Tip zur Sicherung des Geräts: Brett und Rigg sollten beim Surfen in der Brandung grundsätzlich durch eine Sicherheitsleine miteinander verbunden sein. Löst sich bei einem Sturz das Rigg vom Brett, so bleiben beide doch wenigstens zusammen. Sollte durch irgendeinen unberechenbaren Zufall das Rigg vom Brett wegtreiben, muß man auf jeden Fall erst einmal hinter dem Brett her, bevor es von der nächsten überschlagenden Welle fortgetragen wird. Das Brett vertreibt nämlich sehr schnell wegen der im Verhältnis zum Rigg relativ großen Windangriffsfläche, es überschlägt sich auch; das Rigg aber bleibt im Wasser meist an Ort und Stelle liegen, weil es ja dem Wind keinen Widerstand bietet. Hat man das Brett wieder, kann man auf dem Brett hockend leicht zum Rigg zurückpaddeln.

Noch ein Tip zu Ihrer Sicherheit: Wenn Sie beim Durchsegeln der Brandung einmal von einer besonders hohen, brechenden Welle überrascht werden und keinerlei Chance haben, sie zu überwinden, dann gibt es nur eins: Weit vom Brett weg ins Wasser springen, damit Sie von herumwirbelnden Teilen nicht getroffen werden.

Und der letzte Tip: Solange Sie beim Segelsurfen in der Brandung noch nicht sicher sind, ziehen Sie eine Schwimmweste an! Sie sparen Kraft, weil die Schwimmweste im Wasser besser trägt als der Neoprenanzug allein und weil Sie damit rechnen müssen, bei einem Sturz in der Brandung Orientierung und Brett zu verlieren.

Auftrieb
Vortrieb
Seitendruck
Segeldruckpunkt (S)
Wind
Gewicht
Lateraldruckpunkt (L)

Theorie des Segelns III

A Allgemeine Segeltheorie

Ist es nicht beinah unwahrscheinlich, daß ein Segelsurfer sich in doch recht spitzen Kursen beim Kreuzen mit so großer Geschwindigkeit bewegt oder überhaupt vorwärts kommt? Wenn der Wind auf raumen Kursen mehr von hinten kommt, ist uns das Einwirken der Windkraft verständlich. Aber wie wird die Windkraft in Vortrieb umgesetzt, wenn der Wind schräg von vorn kommt?

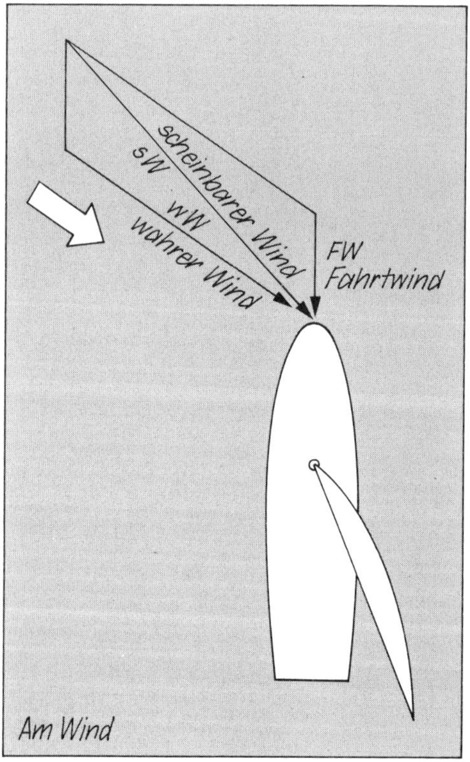

Zunächst eine Klarstellung: Jedes Segelfahrzeug, auch unser Brett, segelt nicht mit dem wahren Wind, so wie er draußen weht, sondern mit dem sogenannten scheinbaren Wind. Da das Boot beim Segeln Fahrt voraus macht, entsteht ein Fahrtwind, der immer genau von vorn kommt. Fahrtwind und wahrer Wind ergeben zusammen als Resultante den scheinbaren Wind, der das Segel anströmt. Je schneller ein Boot segelt, um so mehr kommt der scheinbare Wind von vorn: Das Segel muß dichtergenommen werden. Daher können verschieden schnelle Boote auf gleichem Kurs eine unterschiedliche Segelstellung haben.

Ihr Segel wird schräg von vorn angeströmt. Ein Teil der Luftmenge fließt an der Leeseite, der andere an der Luvseite entlang. An der Leeseite wird die Luft durch die Wölbung des Segels zusammengedrängt, weil

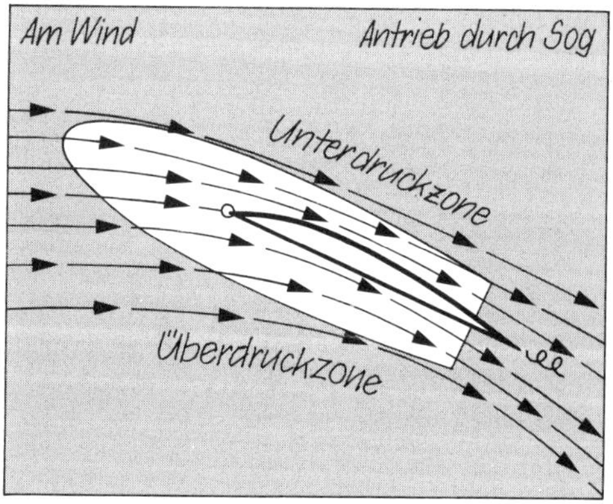

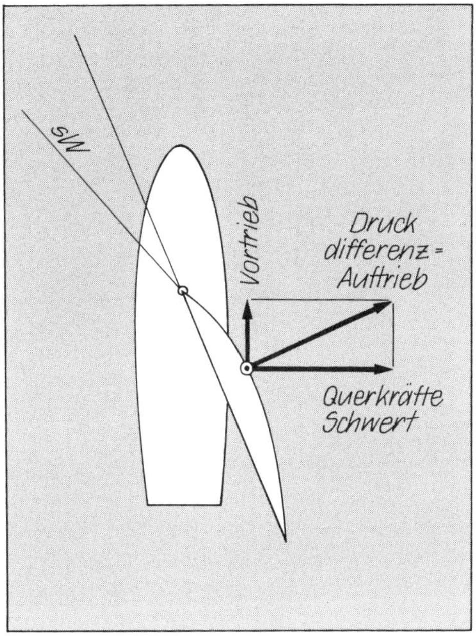

sie ja die Wölbung umfließen muß. Außerdem muß sie, wenn sie die Wölbung umfließt, einen längeren Weg zurücklegen. Beides zusammen bewirkt eine größere Luftgeschwindigkeit auf der Leeseite des Segels. Auf der Luvseite spielt sich das Gegenteil ab: Hier wird die Strömungsgeschwindigkeit verlangsamt.

Durch die unterschiedlichen Luftgeschwindigkeiten auf beiden Seiten des Segels entsteht auf der Leeseite ein geringerer Druck als auf der Luvseite. Ein Druckausgleich durch das Segel kann nicht erfolgen, weil das Material nahezu luftundurchlässig ist. Das Segel versucht deswegen den Druckausgleich dadurch herbeizuführen, daß es aus dem Bereich des hohen Luftdrucks in den Bereich des niedrigen Drucks ausweicht: Es bewegt sich nach vorn, in einem spitzen Winkel zum Wind, und nimmt das Brett und den Surfer, da mit beiden fest verbunden, mit.

B Segeltheorie – speziell beim Segelsurfen

Was die Vortriebskräfte anbelangt, sind Surfer und Segelboot gleich. Nur das Steuern geschieht beim Surfer anders. Segelboote besitzen am Heck ein Ruder, mit dem der Kurs gesteuert wird. Beim Surfer übernimmt diese Aufgabe allein das Rigg. Es arbeitet also nicht nur als Windmotor, sondern auch als Steuer.

Es sind im wesentlichen zwei Druckpunkte, die durch Veränderung ihres Hebels zueinander auf die Fahrtrichtung des Brettes Einfluß nehmen: der ***Segeldruckpunkt*** und der ***Lateraldruckpunkt,*** das ist der Schwerpunkt der Unterwasserfläche des Brettes. Grob gesagt müssen diese beiden Druckpunkte, wenn das Brett geradeaus fahren soll, direkt übereinanderstehen, so daß ihre Wirkung aufeinander neutral ist.

Wird das Segel mit dem Mast jetzt nach hinten geneigt, wandert der Segeldruckpunkt hinter den Lateraldruckpunkt und drückt das Brett – so kann man sich das vorstellen

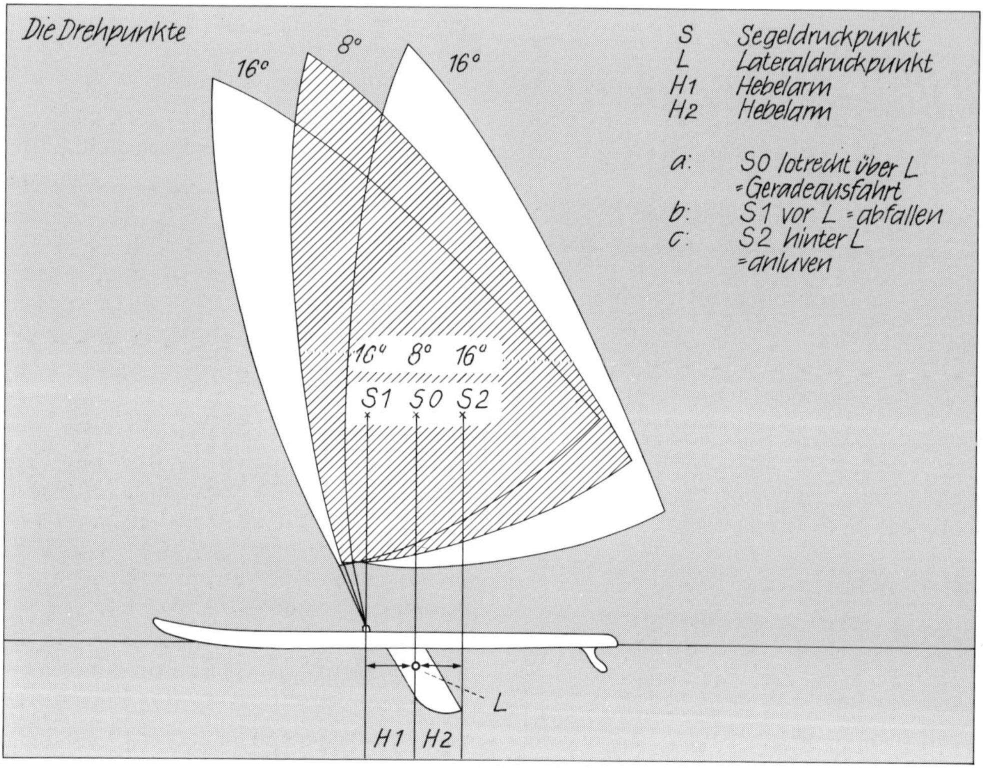

– von hinten mit dem Heck herum in den Wind. Je weiter der Segeldruckpunkt nach hinten verlagert wird, d. h. je stärker die Neigung des Mastes nach hinten, desto größer wird der Hebelarm des Segeldruckpunktes zum Lateraldruckpunkt. Dadurch wird die Wirkung des Druckpunktes auf die Fahrtänderung größer, die Kurve wird enger. Das Brett segelt immer mehr in den Wind. Wird der Mast nun nach vorn geneigt, wandert der Segeldruckpunkt nach vorn über den Lateraldruckpunkt hinaus. Dadurch wird der Bug des Brettes nach Lee weggedrückt, das Brett fällt also ab. Auch hier wieder ist der Hebelarm oder die Entfernung des Segeldruckpunktes zum Lateraldruckpunkt für die Schärfe des Abfallens entscheidend.

Das ist also das ganze Geheimnis, das hinter dem Steuern durch Mastneigung steht.

C Trimmanleitung

Unter ***Trimm*** verstehen wir hier die Möglichkeiten, durch verschiedene Einstellungen oder Veränderungen am Windsurfer die Geschwindigkeit zu verändern und das Gerät sowohl an die jeweiligen Windverhältnisse als auch an die Gewichtsverhältnisse des Surfers anzupassen.
Diese Möglichkeiten sind beim Windsurfer zum Glück sehr beschränkt. Das Schwergewicht des Windsurfens liegt in der Segeltechnik und nicht im Trimm. Bei den Hochleistungs-Regattabooten von heute sind die Verhältnisse anders: Dort liegt ein großer Teil des Regattaerfolges im optimalen Trimm, d. h. in der Optimierung der Möglichkeiten, sein Boot einzustellen und damit schnell zu machen.
Beim Windsurfen unterscheiden wir grundsätzlich zwei Möglichkeiten des Trimms: einmal den Gewichtstrimm, d. h. die Veränderung des Standpunktes auf dem Brett; zum anderen den Riggtrimm: die verschiedenen Einstellungen wie Höhe des Baumes, Spannung des Unterlieks und des Achterlieks. Da der Gewichtstrimm aber auch sehr eng mit der Segeltechnik zusammenhängt, haben wir diesen im Abschnitt der Segeltechnik behandelt (S. 59, 64 und 66).

Um zu ermitteln, was alles unterschiedlich einstellbar bzw. veränderbar ist am Windsurfer, sehen wir uns noch einmal die Teile an, die am Windsurfer befestigt werden und damit auch verschiedene Möglichkeiten zulassen.

Wir haben gesehen, daß der Mast sehr flexibel ist. Bei zunehmendem Wind biegt er sich stärker nach hinten und zur Seite. Dieses Zusammenspiel zweier Biegerichtungen des Mastes bewirkt einmal, daß das Segel flacher gezogen wird, wenn der Mast sich nach hinten biegt. Zum anderen wird das Segel im Achterliek offener, d. h. der Wind strömt leichter aus dem Segel. Dieser dynamische Effekt ist natürlich gerade bei stärkerem Wind erwünscht, um das Segel leichter halten zu können.
Die statische Beeinflussung der ***Mastkurve*** dagegen kann durch unterschiedlich starkes Strecken des Großsegels und Einstellen der Baumhöhe beeinflußt werden.
Ein einfacher Versuch zeigt, daß der Mast sich stärker nach hinten biegt, wenn der Vorliekstrecker stärker durchgesetzt wird. Der Mast wird dadurch mehr Vorspannung bekommen, das Großsegel wird von vornherein schon flacher gezogen.
Hier ein paar Worte zu der ***Profil***gebung eines Segels. Der Segelbauch wird durch eine in das Segel hineingeschnittene Vorliekrundung und durch das sphärische Schneiden der einzelnen Bahnen bewirkt. Aber nur der durch die Vorliekrundung in das Segel hineingeschnittene Bauch läßt sich durch die Mastbiegung herausziehen. Wiederum wird das Segel im Achterliek dadurch offener, daß der Vorliekbauch durch die Mastkurve bereits herausgezogen ist, weil die Profiltiefe des Segels weiter nach vorn zum Mast hin wandert.
Im Gegensatz zu anderen Segelbooten hat der Windsurfer ein loses Unterliek. Dieses

Segel flach getrimmt

Segel bauchig getrimmt

Unterliek wird nicht fest durch einen Baum geführt, sondern kann sich frei zwischen den beiden Baumhälften bewegen. Durch starkes Spannen der Trimmschot wird das Unterliek strammer gezogen, das Segel wird insgesamt flacher, weil durch das Strammziehen auch der Mast gebogen wird. Durch Fieren der Trimmschot wird das Segel bauchiger, der Mast wieder gerade.

Wir haben also eine zweite Möglichkeit gefunden, das Segel flacher zu ziehen, indem wir nicht nur den Vorliekstrecker des Segels strammziehen, sondern auch die Trimmschot.

Der Masttampen gibt nicht nur die Höhe des Baumes am Mast an, sondern ist auch dafür verantwortlich, wie weit das Vorderende des Gabelbaums vom Mast entfernt ist. Grundsätzlich soll der Mast eng im vorderen Bereich der Baumgabel anliegen, damit der Baum beim Surfen nicht seitlich wegkippen kann.

Eine dritte Möglichkeit, das Achterliek offener, d. h. auch loser zu fahren, ist, den Gabelbaum niedrig am Mast anzusetzen. Die Masttasche hat ja einen längeren Schlitz dort, wo der Baum am Mast befestigt wird. Wir haben etwa einen Spielraum von 30 cm. Wird der Baum tiefer gesetzt, so entsteht ein größerer Druck auf das Unterliek, das Achterliek wird nicht so stark belastet.

Wir haben jetzt also zwei Möglichkeiten gefunden, das Segel flacher zu trimmen: 1. durch festes Strecken des Vorliekstrekkers, 2. durch scharfes Strecken der Trimmschot. Durch Niedrigsetzen des Baumes am Mast wird das Segel offener. Eine zusätzliche Möglichkeit, das Achterliek offener zu machen, besteht darin, daß man härtere Latten in das Segel steckt.

Umgekehrt, nämlich das Segel bauchiger zu machen, bestehen die gleichen Möglichkeiten entsprechend: Das Segel wird bauchiger 1. durch einen losen Vorliekstrecker; die leicht elastische Masttasche zieht sich dadurch etwas zusammen, das Segel fängt an, sich hinter dem Mast leicht zu kräuseln. Weil das Vorliek des Segels jetzt nicht mehr belastet ist, hat 2. der Mast auch keine Vorspannung mehr; der in das Segel hineingeschnittene Vorliekbauch kommt voll zum Tragen, da der Mast gerade stehenbleibt. 3. Die Trimmschot wird lokkerer gefahren, wodurch die Profiltiefe direkt zunimmt, 4. kann der Baum außerdem ganz oben in der Aussparung der Masttasche gefahren werden. Jetzt wird das Achterliek stärker belastet, das Unterliek weniger, wodurch das Achterliek geschlossener wird und das Profil insgesamt durchlaufend runder. Als letzte Variante können sehr flexible Latten gefahren werden, die sich diesem runden Segelprofil leichter anpassen als steife Latten.

Auch über folgendes sollte man sich beim Trimm des Riggs klar sein. Durch Herunter- oder Heraufsetzen des Baumes wird die Mastkurve in ihrer charakteristischen Biegung verändert. Bei tiefstehendem Baum befindet sich die größte Mastbiegung tiefer als bei hochstehendem Baum. Entscheidend für die Höhe des Baumes sollte aber *immer* die günstigste Griffhöhe sein, weil ein ermüdungsfreies Surfen mehr bringt als die nur geringen anderen Effekte der unterschiedlichen Baumhöhen. Ist nämlich der Baum tief angebracht, haben Sie größere Hebelkräfte des Mastes zu bewältigen als bei hoch angebrachtem. Die individuell günstigste Baumhöhe muß man herausfinden. Ausgangsstellung hierfür sollte ein Baum sein, der etwa in Schulterhöhe angebracht ist.

Damit wären die Trimmöglichkeiten am Rigg eines Windsurfers bereits erschöpft. Grundsätzlich kann man sich merken, daß bei stärkerem Wind das Segel flacher gefahren wird, bei weniger Wind kann man es etwas bauchiger fahren.

Wieweit man nun diese Trimmöglichkeiten einsetzt, d. h. wie flach oder wie bauchig man das Segel fährt, hängt vom Körpergewicht des Windsurfers ab, von den Wellenverhältnissen und letzten Endes auch von der persönlichen Segeltechnik. Ein Patentrezept, nach dem man bei jeder Windstärke, bei allen Wetter- und Wasserverhältnissen weiß, wieweit man an seinen Streckern ziehen muß, gibt es nicht. Das ist nur möglich durch persönliches Testen sowie durch die Gesamtheit aller Erfahrungen, die man im Laufe des Windsurfens macht. Wichtig ist nur, daß man die Möglichkeiten kennt, die der Surfer diesbezüglich hat.

Durch den kippbaren Mast ist der Windsurfer in punkto Veränderung des Segeldruckpunktes einem herkömmlichen Segelboot weit überlegen. Er kann zu jedem Zeitpunkt bei allen Verhältnissen seinen Segeldruckpunkt so anordnen – und er muß es ja, damit das Brett geradeaus läuft –, daß das Brett vollkommen ausgeglichen segelt. Jedes Segelboot hat einen unterschiedlich starken Ruderdruck, der natürlich einen Bremseffekt bewirkt.

Es ist interessant zu wissen, was geschähe, wenn Mastfuß und Schwert nach hinten oder vorn verschiebbar wären.

a) Mastfuß nach vorn: Wir müssen davon ausgehen, daß der Segeldruckpunkt S immer an der gleichen Stelle bleibt, wenn das Brett geradeaus fährt. Bringen wir den Mast 5 cm weiter nach vorn, wird der Mast bei Geradeausfahrt etwas aufrechter stehen, weil das Segel sich ja um S drehen muß (S bleibt, wo er war), um zu einer Position 5 cm vor dem alten Mastfuß zu gelangen. Die Baumgabel wandert geringfügig nach vorn, weil sie sich unter S befindet. Das Ende des Baumes hängt etwas. Als praktisches Ergebnis zeigt sich, daß der Surfer geringfügig weiter vorn auf dem Brett stehen muß, um das Rigg zu führen, weil der Baum ebenfalls weiter vorn steht. Bei leichtem Wind wird der Gewichtsschwerpunkt des Riggs nicht mehr ganz so ausgeglichen über dem Mastgelenk stehen. Nimmt man den Mast in der Spur zurück, spielt sich alles entsprechend umgekehrt ab.

b) Schwert nach hinten: Wird nur das Schwert nach hinten genommen, der Mast aber in der Spur belassen, so klappt das Rigg um S, damit S wieder in eine Position kommt, die sich zu dem Lateraldruckpunkt L neutral verhält, damit das Brett geradeaus segelt. Der Mast steht nun

aufrechter, der Baum hängt am Ende etwas, er kommt auch etwas nach hinten und damit ebenfalls das Gewicht des Surfers, der ja den Baum ausgeglichen führen können muß. S liegt dann tiefer als vorher.
Die letzte Trimmvariante liegt in der senkrechten Verstellung des Schwertes. Ziehen Sie einmal beim Segeln am Wind Ihr Schwert ganz heraus! Der Erfolg ist, daß das Brett sich am Wind mindestens genauso schnell seitwärts bewegt wie vorwärts. Sie rutschen also seitlich weg wie ein Schlittschuhläufer, dem der Hohlschliff fehlt, nur viel stärker.
Wenn der Wind aber genau von hinten kommt, fahren Sie ohne Schwert genauso geradeaus wie mit Schwert. Ein seitliches Wegtreiben gibt es beim Segeln vor dem Wind logischerweise nicht, weil der Wind direkt von hinten kommt und das Brett wie ein Bündel Stroh ohnehin in Fahrtrichtung vor sich herschiebt. Die Finne hat nach wie vor die Funktion, das Brett in der Spur geradeaus zu halten.
Wird das Schwert jetzt ganz rausgezogen, entsteht im Wasser weniger Form- und Reibungswiderstand, was zu einer erhöhten Geschwindigkeit führt. Allerdings wird das Brett auch wackliger, weil der dämpfende Effekt des Schwertes fehlt.
Im wesentlichen beschränkt sich der Trimm des Windsurfers also darauf, das Segelprofil durch verschieden starkes Spannen auf die entsprechende Windstärke einzustellen sowie die richtige Höhe des Baumes zu finden. Dazu kann man das Schwert vor dem Wind herausnehmen. Das Plus an Geschwindigkeit ist dann deutlich spürbar, vor allem bei stärkerem Wind. An dieser Stelle sei aber gesagt, daß das Herausnehmen des Schwertes sich schon dann negativ in der Leistungsbilanz einer Wettfahrt auswirkt, wenn man dabei ins Wasser stürzt. Das Einstellen des Segelprofils dagegen kann in aller Ruhe bereits an Land gemacht werden oder, wenn Regatta gespielt wird, noch kurz vor dem Start.

DAVID P. REYNOLDS
25

Prüfungsstoff zum Segelsurfschein des DSV

IV

A Zulassung

Der Segelsurfschein (im folgenden: SSS) des Deutschen Segler-Verbandes (DSV) ist nicht amtlich vorgeschrieben wie etwa der Sportbootführerschein oder der Kraftfahrzeug-Führerschein. Als reiner Verbandsausweis dient er dem Qualifikationsnachweis gegenüber in- und ausländischen Behörden, z. B. bei Haftpflichtfällen, am häufigsten aber sicherlich beim Leihen eines Brettes in einer Windsurfing-Schule.

Mitglieder eines dem DSV angeschlossenen Seglervereins müssen als Eigner eines Surfbrettes einen SSS besitzen. Aber: „Daneben sind auch die Führerscheine A, BR, BK und C nach der Führerscheinvorschrift des DSV ein ausreichender Nachweis zum Führen eines Segelsurfbrettes.“ Wer also als Segler einen dieser DSV-Führerscheine besitzt, braucht *keinen* Segelsurfschein.

Weiter heißt es in der DSV-Vorschrift: „Für Eignung, Zustand, Ausrüstung ist neben dem Eigner oder Charterer der Führer des Segelsurfbrettes nach den Regeln der seemännischen Praxis verantwortlich.“

Vor der Zulassung zur Prüfung muß der Bewerber vier Nachweise erbringen:

1. Tauglichkeitsnachweis: Der Bewerber – bei Minderjährigen die Erziehungsberechtigten – muß eine formlose schriftliche Erklärung abgeben, daß ihm keine körperlichen Mängel bekannt sind, welche die Ausübung des Segelsurfsports beeinträchtigen können.
2. Erfahrungsnachweis: Hier geht es um ausreichende praktische Erfahrung im Windsurfen. Der Windsurfing-Grundschein des VDWS wird als Erfahrungsnachweis anerkannt.
3. Schwimmkenntnisse: Eine Viertelstunde Schwimmen im tiefen Wasser – prak-

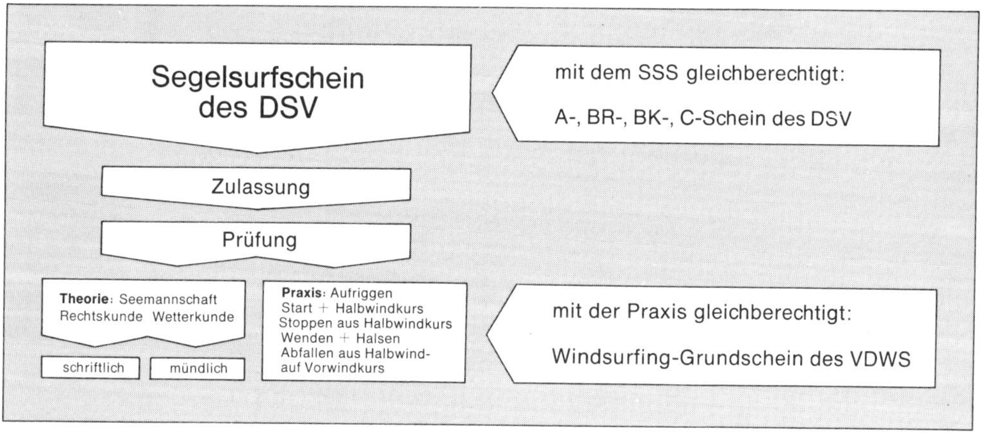

tisch das Freischwimmer-Zeugnis oder ein weitergehendes Schwimmzeugnis. Wer dies nicht mehr hat, beschafft sich eine formlose Bescheinigung eines anerkannten Schwimmlehrers eines Sportvereins, eines Sportfachlehrers an öffentlichen Schulen oder in ähnlicher Form.

4. Zustimmung der Erziehungsberechtigten (gilt nur für Bewerber unter 18 Jahren).

Die praktische Prüfung soll bei Wind von mindestens 3 Bft erfolgen. Die Reihenfolge der Teilprüfungen in Theorie und Praxis ist beliebig, doch soll die gesamte Prüfung innerhalb eines Jahres abgeschlossen sein. Bei Nichtbestehen einer Teilprüfung darf sie nach frühestens einem Monat wiederholt werden.

Der Windsurfing-Grundschein des VDWS wird als praktische Teilprüfung anerkannt; wer ihn besitzt, muß nur noch die theoretische Prüfung ablegen.

Im folgenden finden Sie den offiziellen Lehrplan des Verbandes Deutscher Windsurfing-Schulen e. V. (VDWS) sowie die Prüfungsanforderungen in Theorie und Praxis des Windsurfing-Grundscheins vom VDWS.

B Windsurfing-Grundschein des VDWS

1. Lehrplan

1. Kurze Einführung in die Sportart Windsurfing
2. Erklärung des Segelbrettes und seiner Einzelteile
3. Die richtige Fußstellung (Simulator)
4. Segel aufholen (Simulator)
5. Startposition (Simulator)
6. Winderkennung (Simulator)
7. Startvorgang (Simulator)
8. Fahrstellung (Simulator)
9. Steuern (Simulator)
10. Wenden (Simulator)
11. Halsen (Simulator)
12. Aufriggen
13. Zusammenrollen des Segels für die Notsituation
14. Tragen von Brett und Segel
15. Balanceübung mit dem Brett im Wasser
16. Drehübung an der Boje
17. Start im Wasser
18. Abfallen und Anluven
19. Wenden
20. Halsen
21 Vorwindkurs
22. Manöverkreis
23. Ideale Segelstellung
24. Die verschiedenen Kurse
25. Surfen in der Gruppe
26. Trimmöglichkeiten
27. Knoten

28. Der Transport des Segelsurfbrettes (Autodachträger)
29. Methode der Steuerung
30. Ausweichregeln
31. Revierregeln
32. Wetter
33. Bekleidung
34. Die eigene Sicherheit und die Sicherheit anderer
35. Notsignale
36. Bergung
37. Erste Hilfe

2. Prüfung

Theorie

Der Prüfling hat 15 Prüfungsfragen zu beantworten, die aus den insgesamt 34 Prüfungsfragen zum Grundscheindiplom ausgewählt sind. In dieser theoretischen Prüfung wird die Kenntnis der Sicherheitsbestimmungen, Vorfahrtsregeln auf dem Wasser, Notsignale, Bergung sowie aller Rechtsbestimmungen, die den Surfsport betreffen, nachgewiesen.

Praxis

Der Prüfling hat auf dem Wasser eine praktische Prüfung bei normalem Wellengang und nicht mehr als 3 Bft zu absolvieren.

Vorzugsweise ist eine Boje als Orientierungshilfe zu verwenden. Die praktische Prüfung umfaßt:

1. Einwandfreies Aufriggen eines Segelsurfbrettes.
2. Ausführung eines Starts mit nachfolgender Fahrt geradeaus bei halbem Wind.
3. Stoppen aus einer Halbwind-Position (simulierter Notfall).
4. Wenden und Halsen mit zügigem Bewegungsablauf.
5. Aus einem Halbwindkurs abfallen bis auf reinen Vorwindkurs.

Prüfungsfragen

1. Ordnen Sie die in der Zeichnung ersichtlichen Zahlen den vorgegebenen Bezeichnungen zu.

17	Segelfenster
21	Segelhals
5	Segelnummer
29	Mastfußaussparung
11	Masttampen
10	Belegklemme
3	Segelkopf
1	Mastspitze
24	Sicherheitsleine
12	Stoßdämpfer
28	Heck
14	Gabelbaum
30	Finne/Flosse
32	Bug/Spitze
18	Startschot
4	Spreitzlatte mit Lattentasche
2	Segelzeichen
13	Trimmschot
8	Nationalitäten-Kennzeichen
16	Unterliek
15	Schothorn
9	Vorliek
20	Mast
7	Achterliek
19	Gummileine
22	Vorliekstrecker
23	Universalgelenk
25	Mastfuß
27	Board
31	Schwert
6	Masttasche
26	Schwertkasten

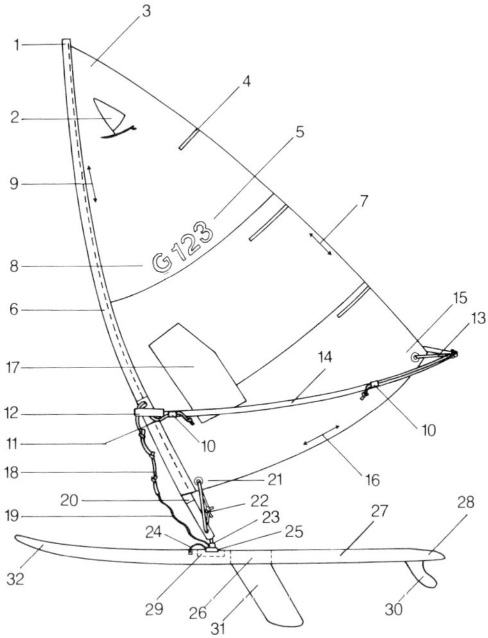

2. Nennen Sie sieben wichtige Sicherheitsvorkehrungen für das Surfen an größeren Gewässern.

Informationspflicht über die örtlichen Revierbedingungen
Abmeldepflicht
Verbindung von Rigg und Board durch eine Sicherheitsleine
Ersatzlampen mitnehmen (ggf. Trapezgurt)
ggf. Signalmittel mitnehmen
ausreichend mit Kälteschutz versorgt sein (Neopren)
ständig Wetter und Wind beobachten (Wetterseite, Gewitter, Wind)

3. Erläutern Sie die Gefahren des ablandigen Windes.	*Ablandiger Wind wird meistens unterschätzt, da man seine Stärke an der Wellenbildung nicht ablesen kann. Man wird von ihm aufs offene Gewässer getrieben; deswegen ist bei ablandigem Wind äußerste Vorsicht geboten.*
4. Was ist a) Abfallen b) Wie wird das Manöver in der Praxis gefahren?	 *Bug dreht vom Wind weg.* *Zum Abfallen muß der Mast auf der Mittschiffslinie zum Bug geneigt werden, der Vorgang kann durch leichtes Dichtholen des Segels unterstützt werden.*
5. Wozu verwendet man den abgebildeten Knoten? 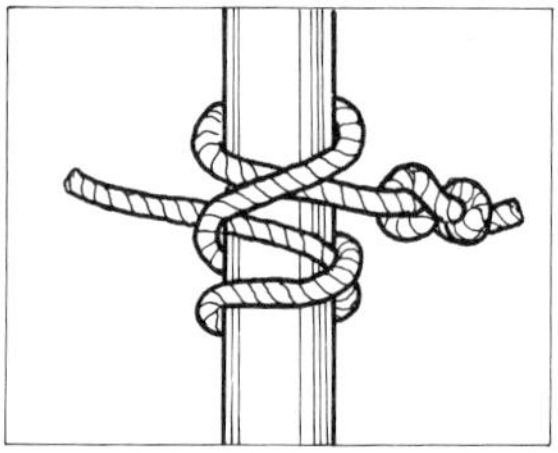	*Mast-Gabelbaumverbindung*
6. Nennen Sie die Bereiche, in denen es grundsätzlich nicht erlaubt ist zu surfen.	*In Badezonen, in Häfen und Hafeneinfahrten, an Anlege- und Ankerplätzen, in betonnten Schiffahrtsstraßen und offensichtlichen Linien der Berufs- und Linienschifffahrt auf Binnengewässern, in Naturschutz- und Sperrgebieten.*
7. Zwei Surfer segeln mit dem Wind von derselben Seite. Wer hat Vorfahrt?	*Der Surfer in Lee.*
8. Wozu dient das Schwert in einem Segelbrett?	*Das Schwert verhindert die seitliche Abdrift des Boards.*

9\. Ordnen Sie die Winde zu.

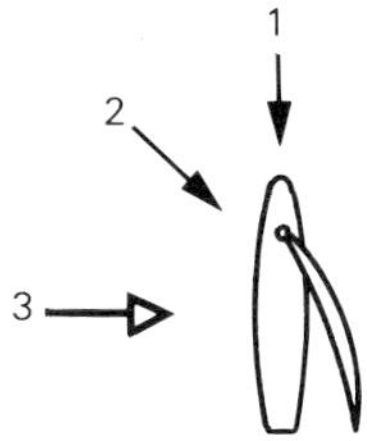

1 *Fahrtwind*

2 *Scheinbarer Wind*

3 *Wahrer Wind*

10\. Was bedeutet
 a) auf Steuerbordbug segeln
 b) auf Backbordbug segeln?

Das Segel steht in Fahrtrichtung gesehen rechts.
Das Segel steht in Fahrtrichtung gesehen links (Wegerecht).

11\. In welcher Reihenfolge dürfen die abgebildeten Segelfahrzeuge passieren?

C – B – E – D – A

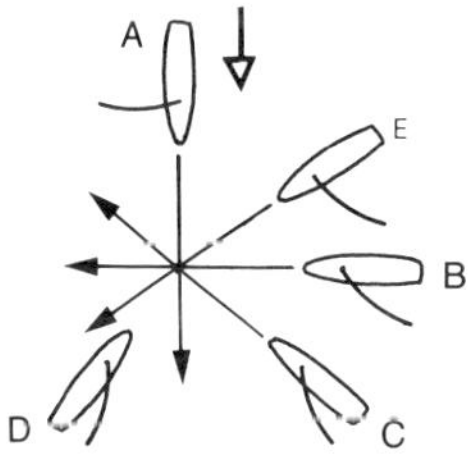

12\. Wer ist kurshaltepflichtig?

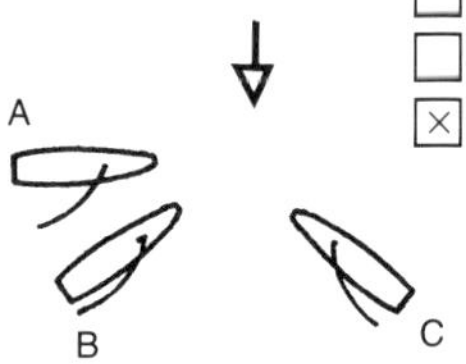

☐ A
☐ B
☒ C

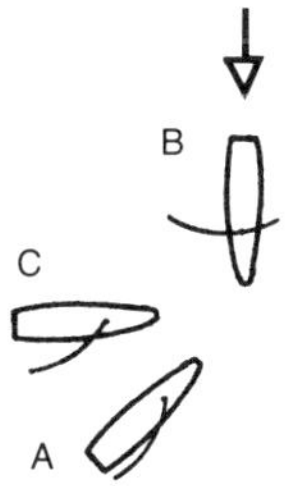

☒ A
☐ B
☐ C

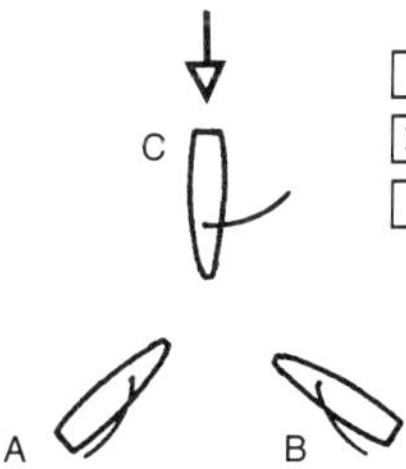

☐ A
☒ B
☐ C

13. Was ist beim Transport eines Windsurfers auf dem Autodach wichtig?	*1. Der Träger muß für eine entsprechend große Traglast ausgelegt sein (60 kg).* *2. Das Board und das Rigg muß gut festgebunden sein.* *3. Zum Befestigen keine dünnen Schnüre, sondern Textilspanngurte verwenden.*
14. Ein Surfer will Sie mit seinem Board abschleppen, was haben Sie da zu tun?	*Ich muß mein Rigg zusammenlegen, das Segel einrollen und mit der Trimmschot am Gabelbaum befestigen und mich dann, mit dem Rigg, auf dem Board liegend, auf der Luvseite des abschleppenden Boards festhalten.*
15. Wie erreicht man bei Flaute mit seinem Segelbrett das Ufer?	*Abriggen und mit dem Mast paddeln oder abriggen und mit dem Steckschwert paddeln oder abriggen, auf den Bauch legen und mit den Händen paddeln.*
16. Wie erreicht ein Surfer ein Ziel, das im Wind liegt?	*Durch Aufkreuzen gegen den Wind.*
17. Was ist a) „Anluven"? b) Wie wird das Manöver in der Praxis gefahren?	 *„Anluven" heißt: Mit dem Bug zum Wind drehen.* *Dabei wird das Gabelbaumende zuerst zum Wasser geneigt und dann das Segel dichtgeholt.*
18. Für was wird der in der Abbildung gezeigte Knoten verwendet? 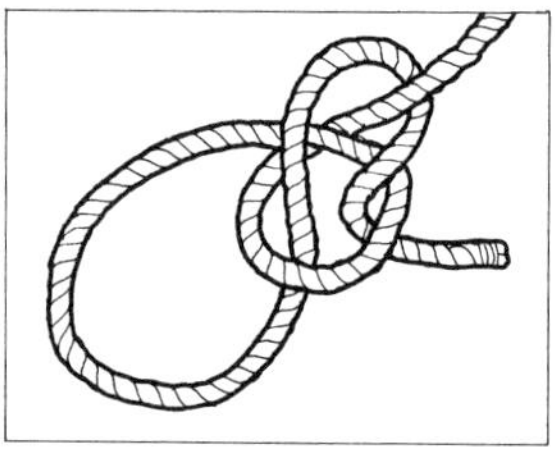	*Rettungsknoten*

19. Wie nennt man den mit 1 bezeichneten Wind?

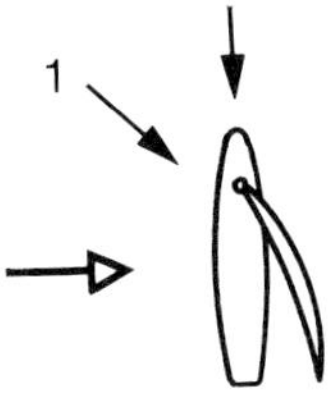

scheinbarer Wind

20. Welches der abgebildeten Segelfahrzeuge ist kurshaltepflichtig?

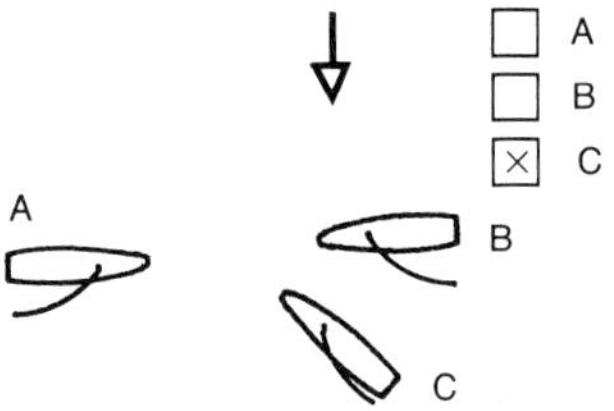

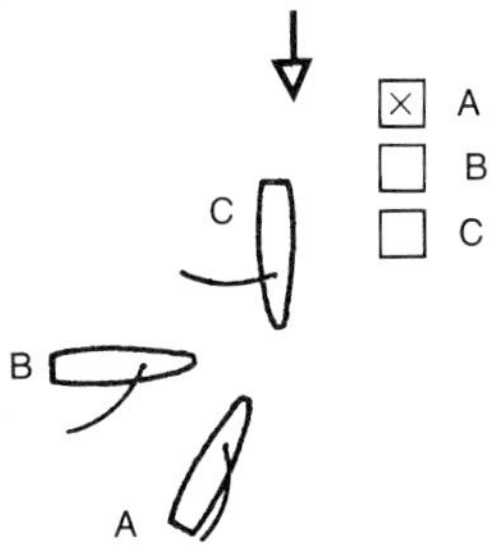

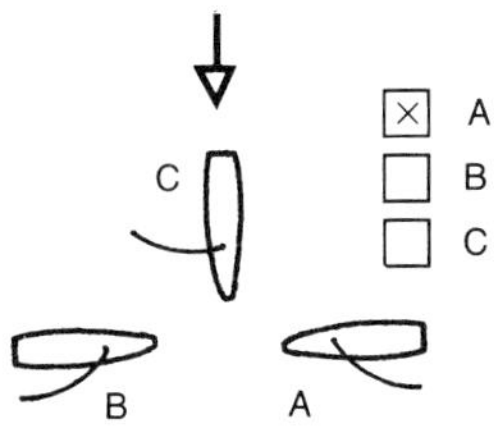

21. Wie bringen Sie Ihren Windsurfer bei voller Fahrt zum Stehen?

Durch Backhalten des Segels oder Notstopp, dabei Rigg ins Wasser werfen, notfalls selbst abspringen.

22. Wie wird Sturmwarnung angezeigt und was ist bei ihr zu beachten?

Durch optische Signale. Lange Blinkfolge Vorwarnung, kurze Blinkfolge Hauptwarnung. Sofort das nächstliegende Ufer aufsuchen.

23. Ein Segelfahrzeug nähert sich einem anderen von hinten. Wer weicht aus?

Das überholende Segelfahrzeug weicht aus.

24. Welche Fahrzeuge haben auf dem Wasser absolute Vorfahrt?

Berufsschiffahrt, Linienschiffahrt.

25. Wann müssen Sie Lee und Luv beachten?

1. Beim Segelaufholen; das Segel muß dabei in Lee liegen. Beim Abschleppen mit einem Surfboard.
2. Bei der Vorfahrtsregelung Lee vor Luv.

26. Wozu wird der abgebildete Knoten verwendet?

Verbindung gleich dicker Tampen.

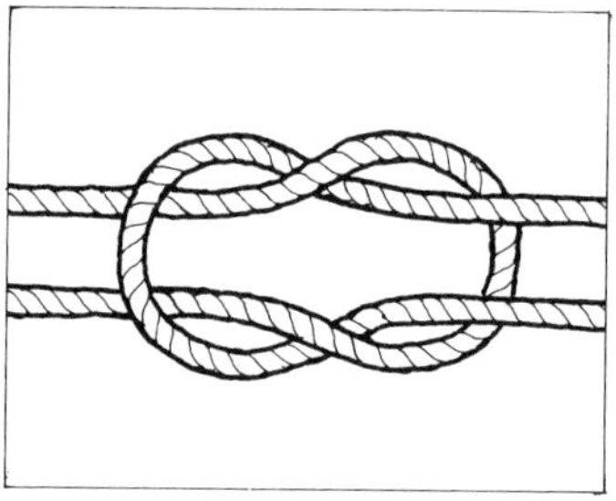

27. Wo läßt sich der abgebildete Knoten verwenden?

An der Trimmschot hinter der Belegklemme.
Am Vorliekstrecker, um damit das Vorliek straff zu ziehen.
Am Trapeztampen und überall dort, wo das Herausrutschen eines Tampens verhindert werden soll.

28. Wer muß ausweichen?
Surfer A, Kurs „am Wind Steuerbordbug"?
Surfer B, Kurs „halber Wind Backbordbug"?

Ausweichen muß Surfer A.

29. Warum soll man in einer Notsituation immer auf dem Board bleiben?

Weil das Board das ideale Rettungsgerät ist; es kann nicht sinken.

30. Wozu dient die Finne an einem Segelbrett?

Zur Richtungsstabilität.

31. Tragen Sie in die Zeichnung Fahrtwind und scheinbarer Wind ein.

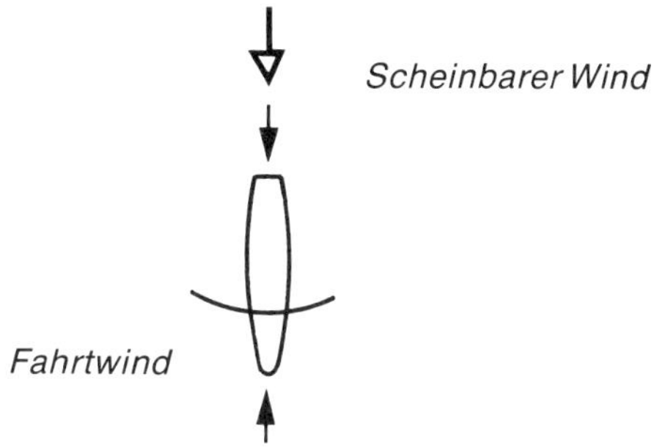

32. Wer ist kurspflichtig?

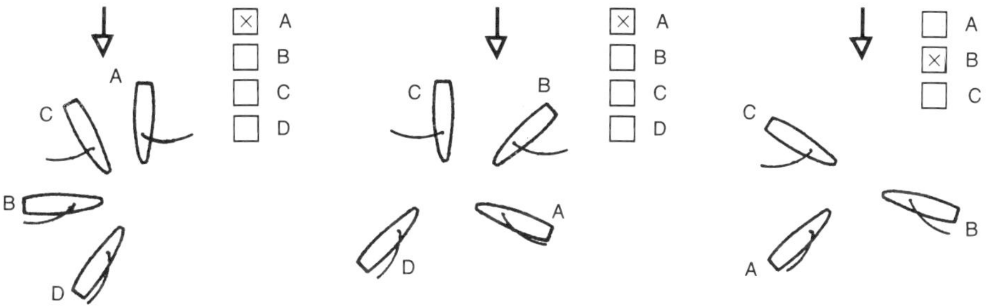

33. Beschreiben Sie, wie Sie auf Vorwindkurs gelangen.

Durch Abfallen. Dabei neigt man den Mast nach vorne, wechselt die Fußstellung hinter den Mast, links und rechts neben den Schwertkasten, fiert das Segel auf und holt es dann vor den Körper, daß es im rechten Winkel zur Bootslängsachse steht.

34. Wie sieht das internationale Notsignal für Surfer auf dem Wasser aus?

Heben und Senken der gestreckten Arme über dem Kopf.

C Seemannschaft

Unter Seemannschaft im weitesten Sinn versteht man alle Kenntnisse und das Verhalten des Schiffsführers, das eine technisch richtige und sichere Führung eines Wasserfahrzeugs gewährleistet. Im engeren Sinn bedeutet dies Kenntnis der Bootskonstruktion, der Einzelteile als Voraussetzung für eine sachgerechte Bedienung des Bootes als technisches Gerät sowie die Beherrschung der Segeltechnik.
Im einzelnen gehört dazu nach der SSS-Vorschrift folgendes:

1. Seemännische Arbeiten
   a) Behandlung der Segel
   b) Knoten
   c) In- und Außerdienststellungsarbeiten
   d) allgemeine Instandhaltungsarbeiten
   e) Beseitigung von kleinen Schäden

2. Surfbrett- und Yachtkunde
   a) Kenntnis der Bauart, Takelung und Einrichtung insbesondere von Segelsurfbrettern
   b) Segelsurfbrett-Bedienung und -Führung
   c) Verhalten beim Kentern
   d) Abfallen und Anluven
   e) An- und Ablegen vom Steg

Der größte Teil dieser Punkte ist bereits eingehend in Kapitel I behandelt worden. An dieser Stelle brauchen daher nur „Knoten" und „Verhalten beim Kentern" ergänzt zu werden.

1. Knoten

Für den Gebrauch beim Windsurfen sind unmittelbar notwendig vier Knoten: Stopperstek, Palstek, Rundtörn mit halbem Schlag und der Achtknoten. Diese Knoten wurden bereits in Kapitel I im Zusammenhang mit dem Auftakeln eines Segelsurfers dargestellt (Seite 21 und 22).
Für den SSS werden darüber hinaus gefordert:

- ***Kreuzknoten***
  Verbindung zweier gleich starker Enden
- ***Schostek*** (einfach und doppelt)
  Verbindung zweier ungleich starker Enden
- ***Slipstek***
  Für schnelles Lösen eines seemännischen Knotens
- ***Webeleinstek***
  Für allgemeine Befestigung einer Leine (für geringen Zug)

Dazu kommen der Augspleiß und der Takling. Der ***Augspleiß*** dient dazu, am Ende eines Tampens ein kleines, feststehendes (dauerhaftes) Auge zu erhalten. Dabei werden die Kardeele (die einzelnen Bestandteile des Tauwerks) entgegen dem Kardeelverlauf im Ende „verspleißt".
Der ***Takling*** soll ein Ausfransen der Enden einer Leine verhindern. Bei Kunststofftauwerk ist er meist überflüssig. Bei (Kunststoff-)Bändseln bis ca. 6 mm Stärke (Liekstrecker, Masttampen) hält man das Ende über eine Flamme, läßt es etwas anschmo-

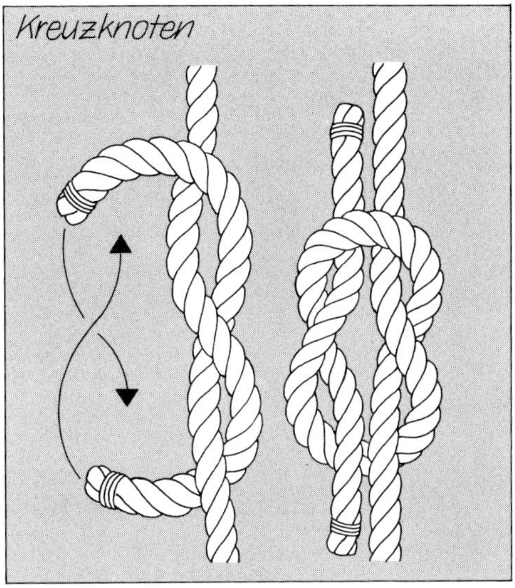
Kreuzknoten

Slipstek

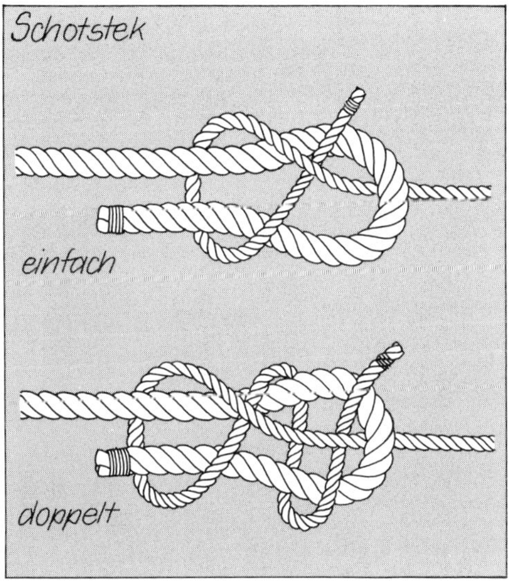
Schotstek
einfach
doppelt

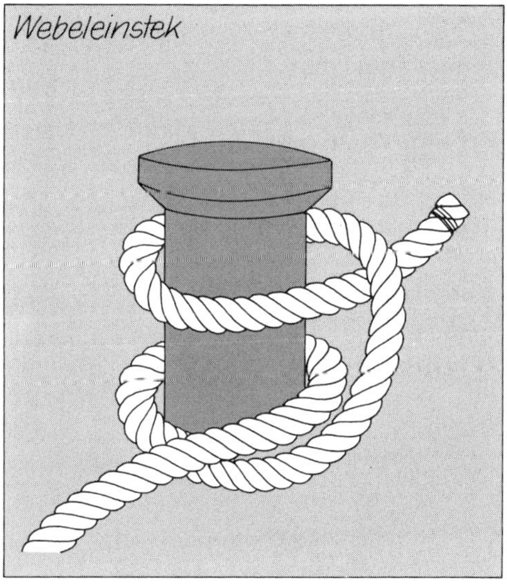
Webeleinstek

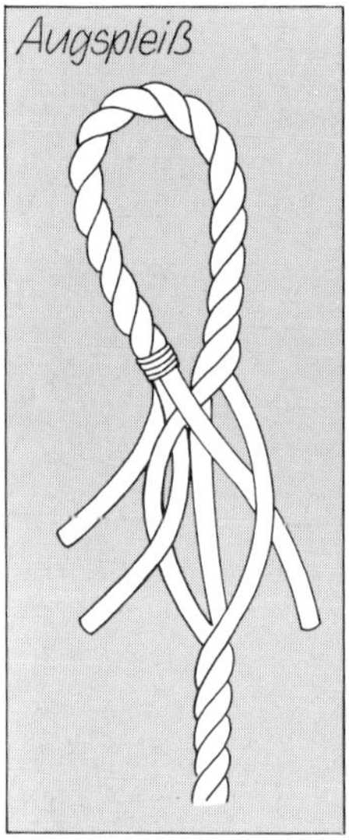

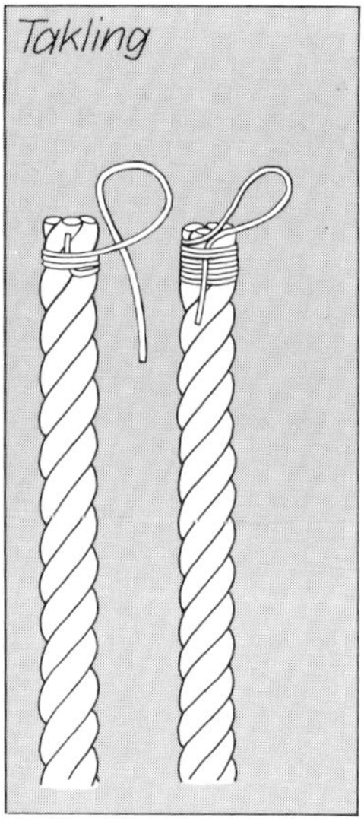

ren, drückt es leicht zusammen und erhält so eine dauerhafte Verschweißung. Aber Vorsicht vor Verbrennungen an den Fingern – Finger vorher anfeuchten!
Leinen von 10 mm Stärke (Startschot) läßt man im Tauwerk-Fachgeschäft gleich durch einen Heißschneider auf die gewünschte Länge zuschneiden; zusätzlich kann man das Ende mit Tesaband umwickeln. Andernfalls schneidet man dicke Leinen mit einem scharfen Messer durch und verschweißt sie wie oben. Zum klassischen Takling verwendet man dünnes Segelgarn. Man umwickelt dabei das Tampenende in trockenem Zustand fest mit Segelgarn, und zwar so breit, wie das Ende dick ist; dann zieht man die Enden des Garns unter den Takling.

2. Verhalten beim Kentern

Vom Kentern in der üblichen Bedeutung (Umschlagen eines offenen Bootskörpers, der voll Wasser läuft und eventuell nur mit Fremdhilfe wiederaufzurichten ist) kann beim Windsurfer keine Rede sein. Das Surfbrett als ausgeschäumter und geschlossener Hohlkörper, in ähnlicher Form schon lange z. B. als DLRG-Rettungsbrett benutzt, kann auch bei Beschädigung niemals sinken und in diesem Sinne seine Segelfähigkeit verlieren. Erst der Bruch von Mast oder Gabelbaum, ein zerrissenes Segel oder eine Verletzung des Surfers bewirken Segelunfähigkeit. Die Grundregel heißt dann: Unbedingt auf dem Brett bleiben! Segel zusammengefaltet aufs Brett legen und um Abschleppen bitten: Winken mit einem Tampen (Startschot).
Achtung: (See-)Notsignale dürfen nur bei Lebensgefahr gegeben werden (Seite 104)!

D Gesetzeskunde

Ähnlich wie der Verkehr auf den öffentlichen Straßen durch Straßenverkehrs-Ordnung (StVO) und Straßenverkehrszulassungs-Ordnung (StVZO) ist auch der Verkehr auf dem Wasser geregelt, gleich ob auf Binnenrevieren, Wasserstraßen oder auf See, gleich ob für Berufs- oder Sportschiffahrt. Analog zu den Straßenverkehrszeichen gibt es auf dem Wasser Tonnen (zum Teil mit Lichtern versehen = befeuert), Ausweich-, Vorfahrts- und Überholregeln, aber auch gewisse Ausrüstungsvorschriften wie Anbringung und Tragweite von Positionslichtern an Schiffen. Drei Verordnungen fassen alle Vorschriften für bestimmte Reviere zusammen:

1. Die Seestraßenordnung (SeeStrO)
   Sie ist Teil des Internationalen Schiffssicherheitsvertrages von 1960 und gilt international auf hoher See und den mit dieser zusammenhängenden, von Seeschiffen befahrenen Gewässern.
2. Die Seeschiffahrtstraßen-Ordnung (SeeSchStrO)
   Sie ist eine nationale Verkehrsordnung und gilt auf See und Küstengewässern innerhalb der Hoheitsgewässer (3-Meilen-Zone) sowie in einer ganzen Anzahl (17) von Strommündungsgebieten wie z. B. auf der Elbe bis zur Hamburger Hafengrenze, der Weser bis zur Eisenbahnbrücke in Bremen und der Trave bis zur Holstenbrücke in Lübeck.
3. Die Binnenschiffahrtstraßen-Ordnung (BinSchStrO)
   Sie gilt auf den Bundeswassertraßen, z. B. Neckar, Main, Weser und Elbe.

Große Binnenseen haben ihre eigenen Verkehrsverordnungen, z. B. der Bodensee.

In den drei genannten Verordnungen findet man Vorschriften über

Fahrregeln
Geschwindigkeitsbegrenzungen
Schallsignale
Nebelsignale
Lichter und Signalkörper
Betonnung
Befeuerung
Schiffahrtzeichen
Sicherheit und Notsignale

Das wesentliche Ziel dieser Verordnungen ist die Verhütung von Zusammenstößen auf dem Wasser. Bei der Berufs- und Großschiffahrt, aber auch bei der Sportschiffahrt, geht die Vielzahl der Vorschriften von langsamer Manövrierbarkeit und langen Bremswegen aus sowie von der Notwendigkeit, auch bei Nacht und zum Teil bei Nebel zu fahren. Beides ist beim Segelsurfer so gut wie nicht gegeben: Ein Surfbrett kann blitzschnell stoppen und auf der Stelle drehen; es ist noch dazu nur bei Tageslicht auf dem Wasser.

Im Bereich der SeeSchStrO haben Segler und maschinengetriebene Fahrzeuge gleiche Rechte und Pflichten. Der § 31 besagt jedoch folgendes: „Das Fahren mit einem Segelsurfbrett ist im Fahrwasser sowie außerhalb des Fahrwassers auf den von der Strom- und Schiffahrtpolizeibehörde bekanntgemachten Wasserflächen verboten." Und: „Auf den freien Wasserflächen darf bei Nacht, bei verminderter Sicht und während der von der Strom- und Schiffahrtpolizeibehörde bekanntgemachten Zeiten nicht . . . mit einem Segelsurfbrett gefahren werden."

Die BinSchStrO bezeichnet ein Segelboot als unter Segel fahrendes ***Kleinfahrzeug.*** Segelsurfer gelten ganz allgemein juristisch als Segler – insofern werden alle Vorschriften für Segler auch auf den Windsurfer angewendet. Viele werden aber wegen gravierender konstruktionsbedingter Unterschiede zum Segelboot kaum zur Anwendung kommen. Dabei ist vom Normalfall, nicht vom Notfall auszugehen.

Die SeeSchStrO stellt für das Verhalten im Verkehr drei wichtige Grundregeln auf:

„1. Jeder Verkehrsteilnehmer hat sich so zu verhalten, daß die Sicherheit und Leichtigkeit des Verkehrs gewährleistet ist und daß kein anderer geschädigt, gefährdet oder mehr, als nach den Umständen unvermeidbar, behindert oder belästigt wird. Er hat insbesondere die Vorsichtsmaßregeln zu beachten, die Seemannsbrauch oder besondere Umstände des Falles erfordern.

2. Zur Abwehr einer unmittelbar drohenden Gefahr müssen unter Berücksichtigung der besonderen Umstände auch dann alle erforderlichen Maßnahmen ergriffen werden, wenn diese ein Abweichen von den Vorschriften notwendig machen.

3. Wer infolge körperlicher oder geistiger Mängel oder des Genusses alkoholischer Getränke oder anderer berauschender Mittel in der sicheren Führung des Fahrzeugs behindert ist, darf ein Fahrzeug nicht führen."

Auch die BinSchStrO formuliert eine allgemeine Sorgfaltspflicht. Danach muß der Schiffsführer grundsätzlich alles tun, um Beschädigungen von anderen Fahrzeugen, Behinderungen der Schiffahrt und die Gefährdung von Menschenleben zu vermeiden.

Verantwortlich für die Einhaltung der Vorschriften über das Verhalten im Verkehr sowie über die Ausrüstung der Fahrzeuge ist grundsätzlich der Fahrzeugführer.

Im folgenden wird das für den Surfer Wichtigste aufgeführt, so wie es die SSS-Vorschrift des DSV verlangt. Die drei Verordnungen SeeStrO, SeeSchStrO und BinSchStrO werden nicht geschlossen jede für sich wiedergegeben, sondern integriert innerhalb der einzelnen Sachbereiche, um unterschiedliche Regeln deutlicher vorzustellen. Vorschriften der BinSchStrO erscheinen nur, wenn sie von den entsprechenden der anderen beiden Ordnungen abweichen.

1. Fahrregeln

Sie regeln unter anderem Vorfahrt, Begegnen, Überholen. Auch der Windsurfer muß die wichtigsten von ihnen kennen, selbst wenn er kaum im Geltungsbereich der SeeStrO surft.

SeeStrO:

1. Ein maschinengetriebenes Fahrzeug muß einem Segler ausweichen.
2. Ein überholendes Fahrzeug muß dem überholten ausweichen.

Segler unter sich:

3. Auf verschiedenem Bug: Steuerbordbug weicht aus.
4. Auf gleichem Bug: Das Luvboot weicht aus.

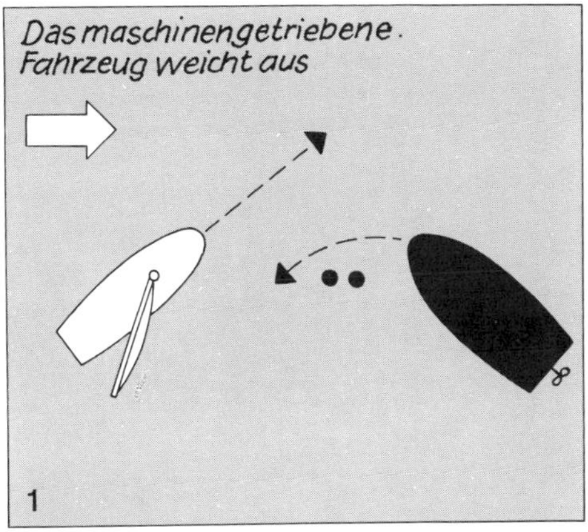

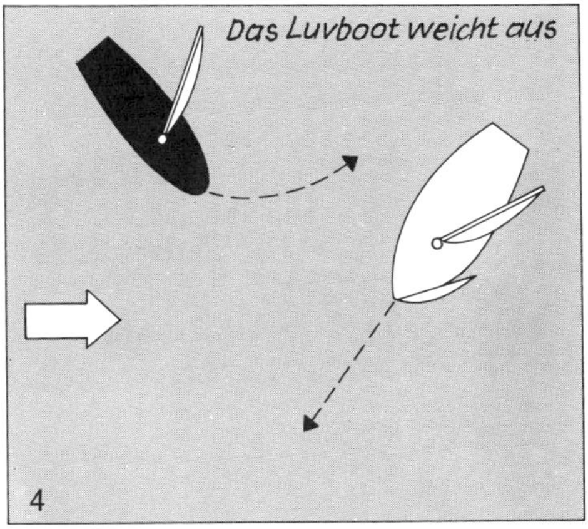

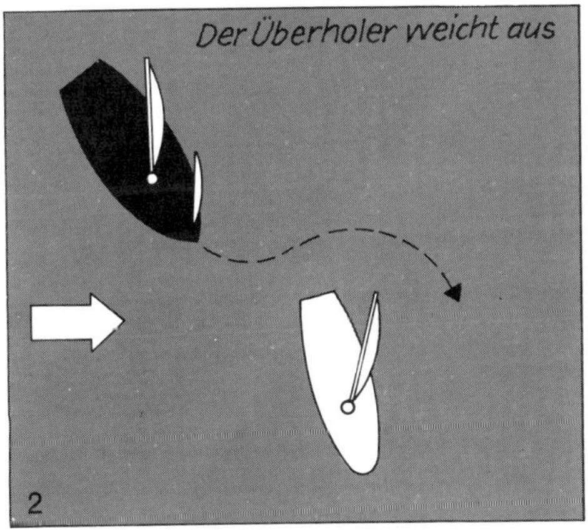

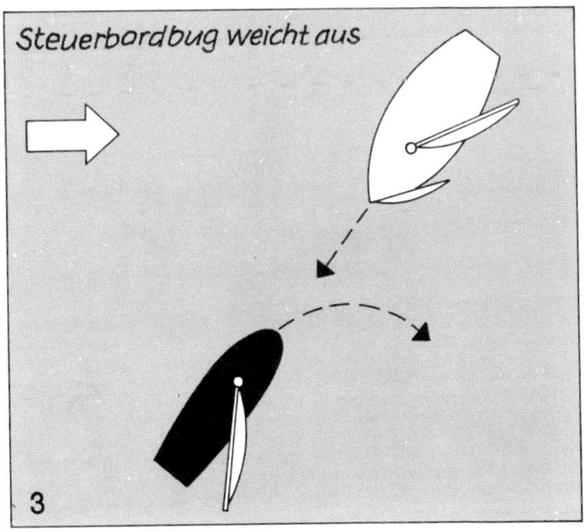

SeeSchStrO:
Unter Fahrwasser versteht man die Teile der Wasserflächen, die durch Tonnen begrenzt oder gekennzeichnet oder die für die durchgehende Schiffahrt bestimmt sind.
Im Fahrwasser gilt:

5. rechts fahren – links überholen
6. Fahrzeuge im Fahrwasser haben Vorfahrt gegenüber solchen, die ins Fahrwasser einlaufen, es queren oder drehen.

Für den Segelsurfer gilt, wie bereits gesagt:
Segelbretter dürfen Fahrwasser einer Seeschiffahrtstraße nicht befahren!

BinSchStrO:

7. Kleinfahrzeuge, also auch Segler, sind grundsätzlich ausweichpflichtig gegenüber allen übrigen Fahrzeugen.
8. Segler haben vor allen anderen Kleinfahrzeugen (Motor-, Ruderbooten) Vorfahrt.
9. Segler untereinander überholen sich auf der Luvseite.

2. Geschwindigkeitsbegrenzungen

Sie zielen auf Motorschiffe größerer Tonnage, also Verdränger, oder auf schnellfahrende Motorboote und sind in Kraft, um Beschädigungen an Ufer- und anderen Anlagen durch Sog und Wellenschlag zu verhindern sowie Badebetrieb nicht zu gefährden. Der Segelsurfer, praktisch ein Gleitfahrzeug ohne Verdrängung, erzeugt aber weder Sog noch gefährlichen Wellenschlag; auch ist seine Geschwindigkeit nicht beliebig regelbar. Daher sind entsprechende Vorschriften auf den Segelsurfer nicht anwendbar.

3. Schallsignale

Durch Schallsignale werden in der Schiffahrt Kursänderungen (für andere Verkehrsteilnehmer) angegeben, oder sie dienen als Mittel der Verständigung, beispielsweise beim Überholen, beim Bugsieren oder in Notsituationen. Schallsignale werden tags und nachts gegeben. Der Segelsurfer kann sie zwar nicht selbst geben wie andere Segler mit einem Nebelhorn, muß aber auf die Signale reagieren. Es bedeuten

· kurzer Ton 1 s
- langer Ton 4 bis 6 s

SeeStrO:

· Ich ändere meinen Kurs nach Steuerbord.
· · Ich ändere meinen Kurs nach Backbord.
· · · Ich lasse meine Maschine rückwärts laufen.

SeeSchStrO:

- Achtung!
- · · · · 2× allgemeines Gefahren- und Warnsignal
· - · · Anhalten! (Aufforderung durch Polizei- oder Dienstfahrzeug)

BinSchStrO:

· · · · · · · · (fortlaufend) Gefahr eines Zusammenstoßes.

Kleinfahrzeuge brauchen nicht, dürfen aber die allgemeinen Schallzeichen geben.

4. Nebelsignale

Weil der Segelsurfer an Küstennähe und Reviere außerhalb eines Fahrwassers gebunden ist, die er bei verminderter Sicht ohnehin nicht befahren darf, kann er auf die Kenntnis von Nebelsignalen weitgehend verzichten. Vor allem: Nebel kommt nie plötzlich auf. Bei ersten Nebelanzeichen kann es für einen Windsurfer nur eines geben: Sofort zurück ans Ufer! Bei Nebel geht ein Segelsurfer ohnehin nicht aufs Wasser.

Schallsignale werden von der Schiffahrt bei verminderter Sicht gegeben (Nebel, dickem Wetter, Schneefall, heftigem Regen oder sonstigen Sichtbeeinträchtigungen). Nebelsignale:

SeeStrO und SeeSchStrO:

– alle 2 min Maschinenfahrzeug in Fahrt

5. Lichter und Signalkörper

Der Segelsurfer kann weder ein fest angebrachtes Licht führen noch beim Surfen ein Licht mit der Hand zeigen. Daher darf er bei Dunkelheit nicht aufs Wasser! Die elementare Segelweise – dicht am Wasser – erfordert außerdem den Sichtkontakt mit dem Element. Für den Surfer genügen also einige Grundkenntnisse, um bei verminderter Sicht zwischen Sonnenaufgang und Sonnenuntergang andere Fahrzeuge zu erkennen.

SeeStrO:

1 Maschinenfahrzeug in Fahrt unter 50 m Länge
2 Maschinenfahrzeug in Fahrt über 50 m Länge
3 Segelfahrzeug in Fahrt
4 Segel- oder Ruderfahrzeug unter 7,00 m Länge
5 Ankerlieger
6 schleppendes oder schiebendes Maschinenfahrzeug in Fahrt
7 Segelfahrzeug mit Maschinenantrieb

SeeSchStrO:

8 Fahrzeug des öffentlichen Dienstes (z. B. Polizeifahrzeug)
9 Wegerechtschiff
10 schwimmendes Gerät (Bagger)

BinSchStrO:

11 Segelfahrzeug

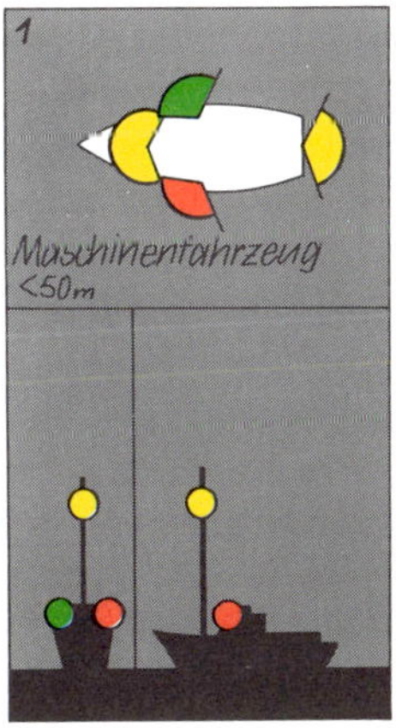

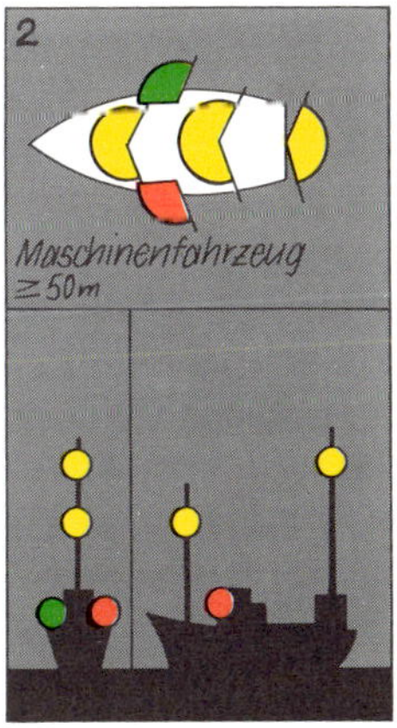

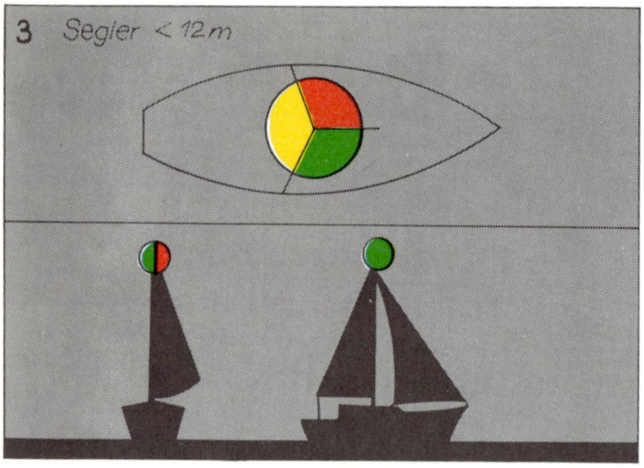
3 Segler < 12 m

4 Kleinboot < 7 m

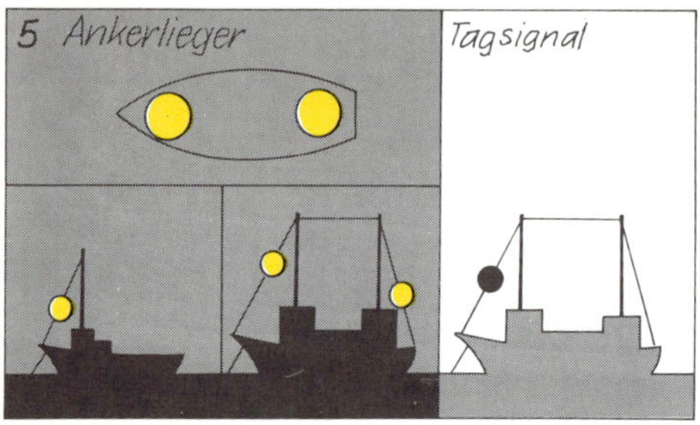
5 Ankerlieger
Tagsignal

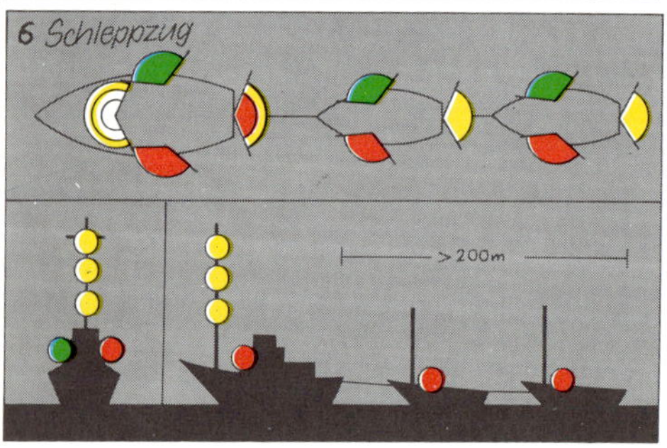
6 Schleppzug
> 200 m

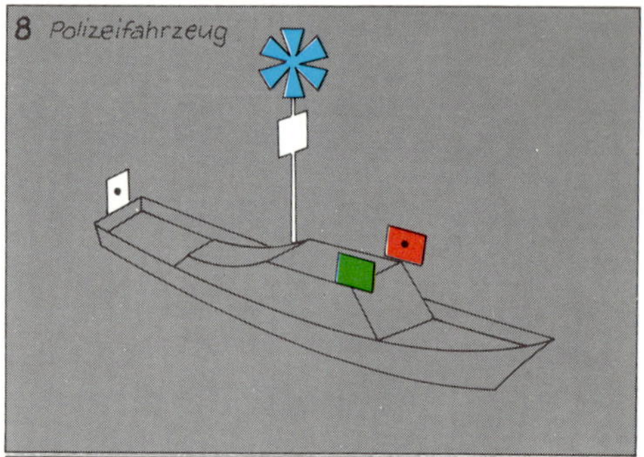
8 Polizeifahrzeug

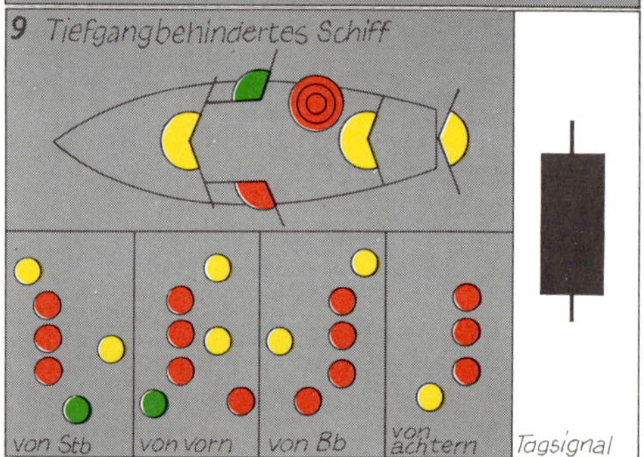
9 Tiefgangbehindertes Schiff
von Stb
von vorn
von Bb
von achtern
Tagsignal

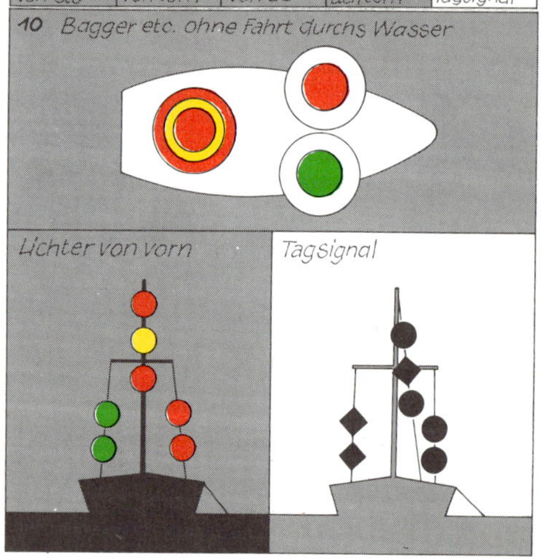
10 Bagger etc. ohne Fahrt durchs Wasser
Lichter von vorn
Tagsignal

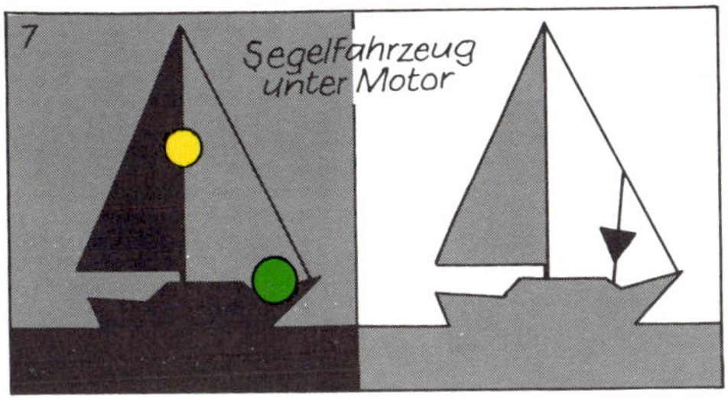

= Zweites Licht nur bei Annäherung

6. Betonnung

Der Segelsurfer segelt im Prinzip auch im Seerevier stets in unmittelbarer Küstennähe. Wracks, Schiffahrtshindernisse oder Untiefen, zu deren Markierung die Tonnen dienen, verlieren für den Segelsurfer wegen seiner Beweglichkeit und seines geringen Tiefgangs den Gefahrencharakter. Konstruktion und geringer Tiefgang machen jedes Aufgrundlaufen nicht nur ungc fährlich, sondern zur Regel – jedenfalls am Strand. Die Kenntnisse des Surfers könen sich daher beschränken auf die Betonnung eines Fahrwassers, dem er sich ohnehin fernhalten muß:

Fahrwasserseiten

Backbordseite | Steuerbordseite

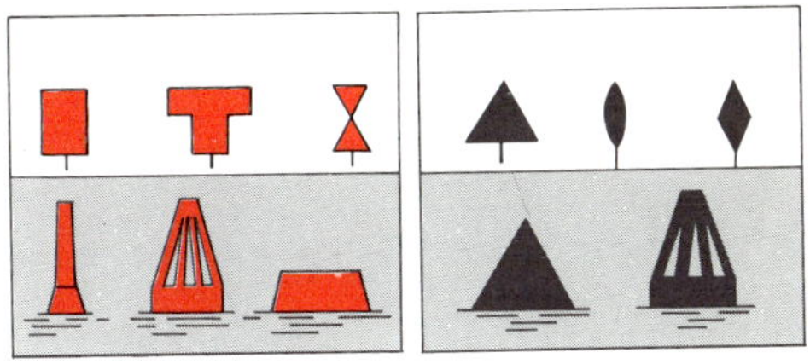

rote Spierentonne | schwarze Spitztonne

Das neue Betonnungssystem „A"
(ab 1980):

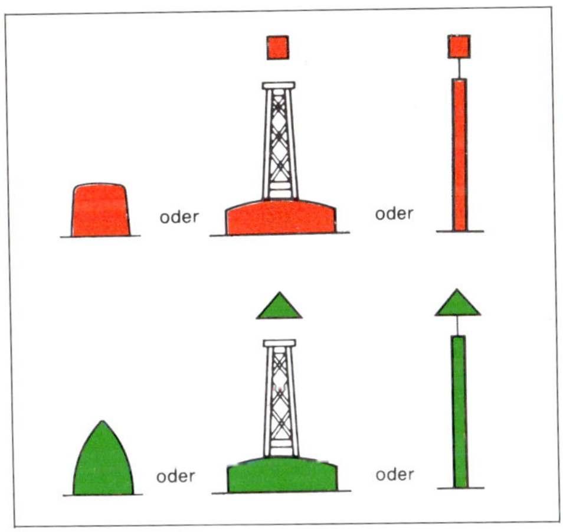

7. Befeuerung

Der Segelsurfer darf seinen Sport nur bei Tageslicht ausüben – Kenntnisse über diesen Punkt entfallen also.

8. Schiffahrtzeichen

Als Sichtzeichen gibt es über die festen und schwimmenden Seezeichen hinaus vielfältige Informationsträger wie Tafeln, Tonnen, Signalkörper und Flaggen, von denen auch der Surfer einige kennen muß. Es ist verboten, Schiffahrtzeichen zum Festmachen (auch Festhalten) zu benutzen, sie zu beschädigen oder unbrauchbar zu machen.

Beispiel aus der SeeSchStrO:

Sperrung einer Teilstrecke der Seeschiffahrtsstraße

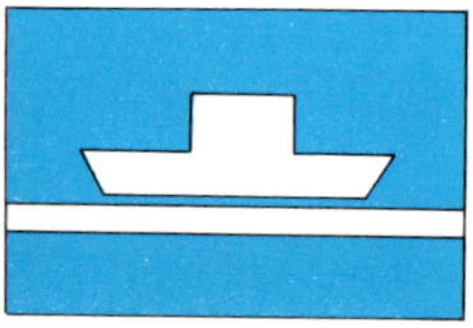

Fährstelle für nicht freifahrende Fähren

Beispiel aus der BinSchStrO:
Schwimmende Geräte bei der Arbeit

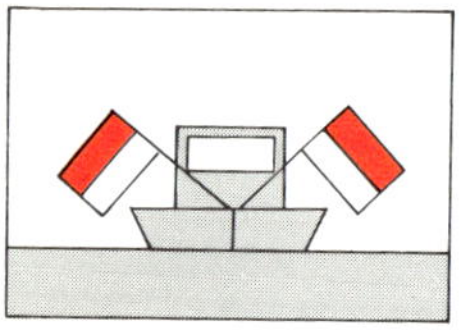

Vorbeifahrt an beiden Seiten frei

Vorbeifahrt an der linken Seite verboten

9. Sicherheit und Notsignale

Sicherheitsmaßnahmen sollen jede Form von Fremd- oder Eigengefährdung ausschließen oder auf ein Minimum herabsetzen. Dies geschieht zum großen Teil durch vorbeugende Maßnahmen, die von den diversen Schiffahrtsordnungen sehr deutlich formuliert werden.
Für den Segelsurfer werden Sicherheitsmaßnahmen zunehmend wichtig bei starkem ablandigem Wind, unbekanntem Revier, langen Surfstrecken. Im Normalfall sollte der Surfer folgendes beachten:

- Informationen einholen über Wind und Wetter, möglichst aktuell aus dem Rundfunk, dem Seewetterbericht oder am Ort von erfahrenen Sportfreunden, vom Hafenmeister, Segelclub, der DLRG oder Wasserwacht.
- Brett und Rigg prüfen, ob segelklar, ferner auf verborgene oder auch kleine Schäden (Riß im Segel, angescheuerte Liekstrecker). Ersatzbändsel und Tesaband (zum Segelflicken) sollte ein Windsurfer immer dabei haben!
- Sicherheitsleine zwischen Rigg und Brett anschlagen, beim Lösen des Mastfußes kann dann nie ein Teil wegtreiben – besonders wichtig im Seegang oder bei Brandung!
- Auch bei warmem Wetter nicht vorschnell auf Kälteschutz verzichten (Neoprenanzug)!

Besonderheiten für Langstreckensurfer:

- Ohne Motorbootbegleitung möglichst

immer in Ufer- oder Küstennähe bleiben! Nicht allein auf Tour gehen! Je nach Revier und Wetter ist Beobachtung von Land aus ausreichend.

- Begleitung durch Motorboot ist die beste Sicherheit, aber Besetzung mit mindestens zwei Mann (Bootsführung und Hilfeleistung). Ersatzteile mitführen (z. B. Segel, Latten, Mastfuß).
- Seenotsignale (kleine Raketen), Mini-Erste-Hilfe-Ausrüstung, Sturmsegel, eventuell Getränk und Schokolade in Nierentasche (Ski) oder Rucksack mitführen.
- Nachricht von geplantem Zielort und ungefährer Ankunftszeit hinterlegen.

Allgemein schreiben die Verkehrsordnungen bestimmte, genau umrissene Pflichten für Situationen wie Kollision, Seenot usw. vor, die natürlich auch der Surfer beachten muß.

Bei *Kollision* besteht die Pflicht zu gegenseitiger Hilfeleistung, und zwar mindestens, bis sich die Beteiligten davon überzeugt haben, daß kein Schaden entstanden ist.

Bei *fremden Seenotfällen* ist jeder Fahrzeugführer nach internationalem Übereinkommen zur Hilfeleistung gegenüber Personen in Lebensgefahr verpflichtet.

Seenotsignale dürfen nur gegeben werden, wenn sich ein Fahrzeug in Not befindet. Der Helfende ist nicht auch verpflichtet, das Schiff zu bergen – auch Seenotrettungsdienste verlangen meist einen Bergelohn, während die Rettung von Menschenleben kostenlos ist. Bei Kleinbooten in Küstennähe läßt sich beides, Rettung von Personen und Schiffsbergung, meist leicht durch Abschleppen vornehmen. In diesem Sinne wird der Surfer meist lediglich Schlepphilfe brauchen. Also nicht gleich Notsignale geben, sondern mit einem Tampen winken (Startschot). In der Praxis läßt sich ein Brett oft besser aufs Rettungsboot aufladen als nachschleppen.

Wie für jeden Segler gilt auch für den Segelsurfer im Falle von Seenot: Unbedingt auf dem Surfbrett bleiben! Nie versuchen, schwimmend das Ufer zu erreichen! Entfernungen auf dem Wasser werden stets außerordentlich unterschätzt. Das Surfbrett kann auch beschädigt nicht sinken, es ist ein ideales Rettungsbrett.

Notzeichen:

SeeStrO:

Schüsse (Knallsignale) in Abständen von ungefähr 1 min
Dauerton mit Nebelsignalgerät
Rotfeuer (Rakete)
orangefarbene Rauchzeichen
Heben und Senken der nach beiden Seiten ausgestreckten Arme

BinSchStrO:

Flagge (oder sonstigen Gegenstand) im Kreis schwenken
fortwährend lange Töne (Nebelhorn, Rufen)
fortwährend Gruppe von Glockenschlägen

Zum Schluß sei noch einmal der Hinweis wiederholt, daß es sich bei dem großen Bereich der Rechtskunde, so wie sie hier dargestellt wurde, um staatliches Recht der Bundesrepublik, also um nationale Vorschriften handelt, die SeeStrO ausgenommen. Für jeden, der im Ausland surfen will, besteht die Pflicht, sich über verkehrsrechtliche Bestimmungen in den dortigen Gewässern zu informieren.

E Führerscheine des DSV

	Geltungsbereich
A Binnenfahrt	*Binnengewässer*
BR Revierfahrt	*alle Gewässer bis zur Hoheitsgrenze (3-Meilen-Grenze), soweit von Seeschiffen befahren*
BK Küstenfahrt	*Ostsee, Gewässer zwischen Ost- und Nordsee, Nordsee bis 61°* nördlicher Breite, englische Ostküste, Kanal, Mittelmeer; allgemein: innerhalb der 12-Meilen-Zone
C Seefahrt	unbegrenzt
Segelsurfschein	aufs Gerät, nicht auf Geltungsbereich bezogen

F Wettsegelbestimmungen (WB) der IYRU

WB und Segelsurfen

Die Wettsegelbestimmungen stellen eine Art Verkehrsordnung für die spezielle Regattasituation dar und gelten nur für Boote, die an einer Wettfahrt teilnehmen. Bestimmungen der SeeStrO, der SeeSchStrO und BinSchStrO werden damit nicht außer Kraft gesetzt, sondern gewissermaßen ganz außerordentlich verfeinert, bzw. für neue Situationen (Runden von Bahnmarken) wurden neue Regeln geschaffen. Droht also in einer Wettfahrt eine Kollision zwischen einem Regattaboot und einem anderen beliebigen Freizeitboot, z. B. von Zuschauern, gelten die Ausweichvorschriften des jeweiligen Reviers; der Regattateilnehmer kann also nicht allein aufgrund seiner Wettfahrtteilnahme von vornherein auf Vorfahrt bestehen. Trotzdem aber sollten sich Zuschauer und Nichtteilnehmende vom Regattabereich fernhalten.
Die WB haben ebenso wie die amtlichen Verordnungen das Ziel, Bootsberührungen zu verhindern. In diesem Kapitel werden lediglich die grundlegenden Regeln dargestellt, die den Windsurfer in die Lage versetzen sollen, eine Regattabahn abzusegeln, ohne andere Bretter zu behindern, nicht aber Regelfeinheiten als Taktik anzuwenden.
Die WB stellen ein relativ lückenloses Regelwerk dar, das bei aller Kompliziertheit ein faires Wettsegeln ermöglicht. Sie sind

Wer hat hier Vorfahrt?

in Jahrzehnten empirisch gewachsen und immer wieder verbessert worden. Diese Verbesserungen hängen zum Teil mit den Perspektiven neu entwickelter Segelboote und auch mit neuen Segeltechniken zusammen. Dem Windsurfing wurde wegen seiner elementaren Segelweise bereits durch die Kürze des zu segelnden Kurses Rechnung getragen. Auch gibt es in den speziellen Segelanweisungen der Windsurferklasse Zusätze, die den Eigenheiten des Windsurfing gerecht zu werden versuchen.
Bei aller Ähnlichkeit mit dem Segelboot gibt es aber konstruktionsbedingte Eigenarten des besonderen Systems Segelsurfing, die die WB nicht berücksichtigen. Hier ist in erster Linie die Steuerung durch den Mast zu nennen, also die flexible Mastneigung. Da der Mast um ein Gelenk schwingt, kann er seitlich nach Lee oder Luv hängen, also unvorhersehbare Berührungen verursachen, oder aber auch weit nach vorn über den Bug ragen, beispielsweise beim Ansegeln.
Dies macht z. B. den Begriff der ***Überlappung*** problematisch. Durch plötzliches Mastneigen kann man nämlich in Grenzfällen blitzschnell eine Überlappung herstellen, ohne die Begriffsbestimmung zu verletzen, die eine „in normaler Lage befindliche Ausrüstung“ (1.8 und 1.9 auf Seite

114) voraussetzt. Beim Segelsurfing ist die Neigung des Mastes normal. Vorliegender Fall der Überlappung aber ist unecht, da beide Segelsurfbretter nur durch das Rigg, nicht durch das Brett zur Überlappung gelangen. Der Schwenkradius des Riggs ist also ein neues Problem, das bislang bei Segelbooten, für die die WB geschaffen wurden, nicht existierte.

Oder was ist die Position ***Mast querab***? Bei jedem Segelboot, auch bei einem unverstagten Finn-Dinghy-Mast, ist klar, was „Mast querab" bedeutet. Beim Segelsurfer kann als Bezugspunkt nur der Mastfuß in Frage kommen, nicht der ganze Mast. In diesem Sinn ist vor allem die Luvregel (5.2) nicht eindeutig auf das Segelsurfen übertragbar. An dieser Stelle können und dürfen wir keine neuen Interpretationen oder Vorschläge hinsichtlich der WB machen, das ist den Klassenvereinigungen und Verbänden sowie DSV und IYRU vorbehalten, die aus der Wettfahrtpraxis die praktikabelsten Lösungen herausfinden müssen.

Auf einem völlig anderen Blatt steht die Tatsache, daß Regeln der WB speziell von Segelsurfern besonders gern verletzt und von den Wettfahrtleitungen nicht durchgesetzt werden. Gemeint sind der sogenannte Reindrängelstart (3.3) sowie das Pumpen und das Schaukeln (1.11). Bei einer Leichtwind-Regatta, auf der durchweg gepumpt wird, und zwar mit Duldung der Wettfahrtleitung, kann von einem fairen Wettkampf keine Rede mehr sein. Dies Problem gibt es auch bei den Jollen in einigen Einhand- und Leichtbau-Zweimann-Klassen, die das Pumpen und Schaukeln gelegentlich durch eine besondere Vorschrift in den Segelanweisungen begrenzt erlauben. Hier brauchen also die WB nicht speziell für Windsurfer geändert, sondern nur strikt eingehalten und überwacht zu werden.

Regatten unter Segelsurfern werden in einer Ein-Typ-Klasse oder in einer offenen Klasse ausgetragen. Die ***Ein-Typ-Klasse***, praktisch eine Werftklasse, ermöglicht einen Leistungsvergleich nach dem Motto: Gleiches Sportgerät für alle! Dazu zählen bislang Windsurfer, Windglider und das Windglider-Tandem. Die Voraussetzungen für die Anerkennung als internationale Klasse durch die IYRU – eine gewisse Verbreitung, geregelte und eindeutige Vermessung, keine Bindung an einen bestimmten Hersteller – sind aber noch nicht einmal beim bekanntesten Typ, dem Windsurfer, vollständig gegeben, von den anderen ganz zu schweigen.

Daher wurde die sogenannte ***offene Klasse*** geschaffen. Genaugenommen müßte sie Grenzmaßklasse genannt werden, da lediglich Grenzmaße einzuhalten sind, z. B. Länge, Breite und Gewicht des Brettes, Länge des Schwertes, Länge von Vor- und Unterliek. Innerhalb dieser Grenzen können Surfbretter beliebiger Formgebung konstruiert und gesegelt werden. Bisher sind Selbstbauten auf Regatten der offenen Klasse grundsätzlich überlegen und frustrieren jeden Surfer eines Markenbrettes. Dies spiegelt die Marktexplosion des neuartigen Sportgerätes wie auch die Unausgegorenheit der Klassenpolitik wider.

Bereits 1977 gab es durch Einteilung in Gewichtsklassen und Gerätetypen allein 16 Segelsurfer (Personen), die sich Weltmeister nennen dürfen. Eine Konstruktionsklasse mit ihrer Aufforderung zum Experimentieren ist aber prinzipiell unverzichtbar für die technische Ausreifung des Prinzips Segelsurfing. Hier gibt es also noch entscheidende Hindernisse auf dem Weg zu einer internationalen Einheitsklasse und zur olympischen Disziplin.

Die Bedeutung des Gewichtes eines Teilnehmers an einer Segelsurf-Regatta für die Schnelligkeit des Segelbrettes ist in den WB nicht berücksichtigt. Der besonders für Schwergewichtige frustrierenden Erkenntnis: „Je leichter der Mann, desto schneller das Brett, besonders bei leichten Winden!" hat man aber inzwischen durch die Schaffung von ***Gewichtsklassen*** weitgehend Rechnung getragen. Jede Regatta von Bedeutung sieht heute in den Segelanweisungen die Austragung in vier Gewichtsklassen vor. Für 1977 z. B. hatte die IWCA für den Windsurfer als meistgefahrene Klasse für männliche Teilnehmer folgende Grenzen festgelegt:

A bis 60 kg
B 60 bis 67 kg
C 67 bis 77 kg
D über 77 kg

Jede Gewichtsklasse wird extra gestartet und gewertet und vor und nach jeder Wettfahrt kontrolliert, ohne Gelegenheit zur Nahrungsaufnahme. Bei Untergewicht ab 0,5 kg erfolgt Disqualifikation.

Der Regattakurs wird durch drei Bojen be-

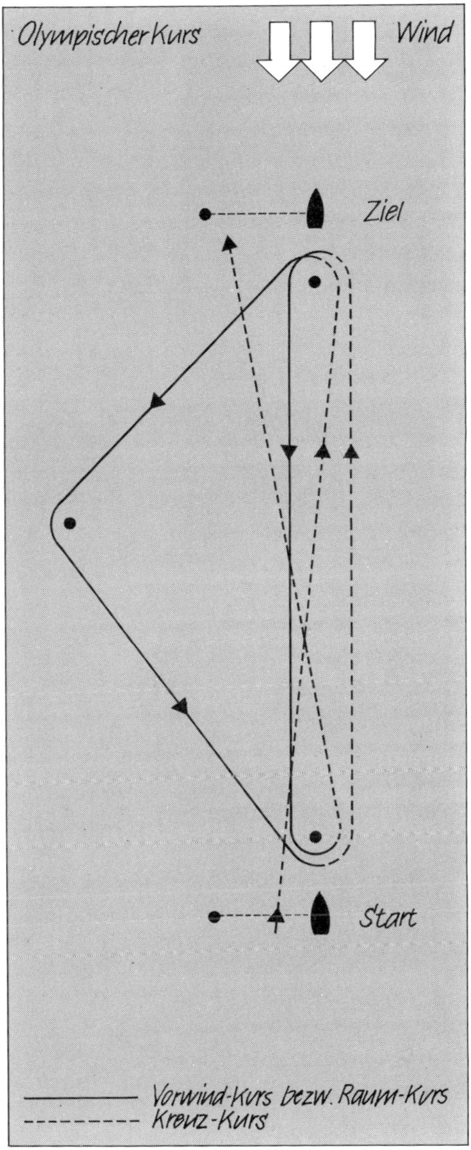

Regattafeld zehn Sekunden nach dem Start, vom Startboot aus gesehen. 6184 verdeckt die Leebegrenzung.

zeichnet, die ein Dreieck bilden und in einer vorgeschriebenen Reihenfolge vom Start zum Ziel gerundet werden müssen. Daher spricht man auch von Dreiecksregatten. Die gewisse Einförmigkeit solcher Dreiecksregatten konnten die Segelsurfer bereits ein wenig auflockern mit neuen Formen von Brandungs-, Slalom-, Geschicklichkeits-(Hot Dog) und Ausdauerregatten mit jeweils eigenen Regeln. Die WB beziehen sich ausschließlich auf die Verhältnisse in Dreiecksregatten.

Der gebräuchlichste Dreieckskurs ist der ***olympische Kurs***. Man segelt zuerst das volle Dreieck linksherum, kreuzt noch einmal die Basis auf, segelt dann vor dem Wind zurück und kreuzt wieder auf bis ins Ziel. (Die Ziellinie liegt dabei immer in Luv, die Startlinie in Lee.) Dieser Kurs zeichnet sich dadurch aus, daß alle Segelkurse, also Kreuz-, Halbwind- und Vorwindkurs, in einem ausgewogenen Verhältnis zueinander stehen, was die Länge der einzelnen Bahnschenkel angeht. Dafür braucht er genügend freien Raum auf dem Wasser.

Jede Wettfahrt wird fliegend gestartet, und zwar von einer gedachten Startlinie aus, die durch zwei Bojen (oder Startschiff und Boje) bezeichnet wird. Die Startlinie liegt im Idealfall immer genau senkrecht zum Wind. Sie darf erst nach dem Startsignal durchsegelt werden.

So läuft ein Start ab:

Bedeutung	Flagge	Bezeichnung	Count down
Ankündigung		Klassenflagge	– 6 min
		Bahnanzeige: links herum	
		Bahnanzeige: rechts herum	
Vorbereitung	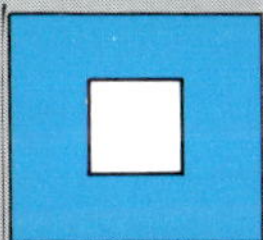	– P –	– 3 min
1-min-Regel	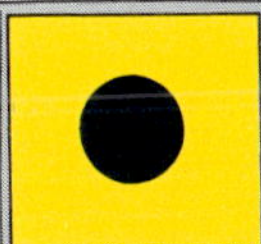	– / –	– 1 min
Start	alle Flaggen nieder		0
Ziel		blaue Flagge	
		– Q – mit – blau – wenn Zielschiff ein anderes als Startschiff ist	

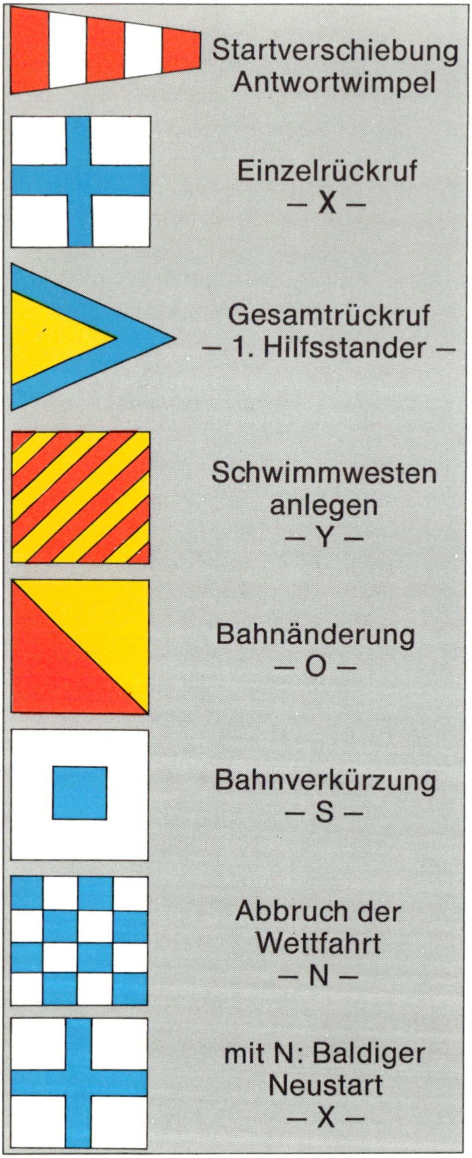

Die ***Start***prozedur sieht meistens so aus: Zuerst kommt ein Ankündigungssignal, nach drei Minuten folgt das Vorbereitungssignal. Ab jetzt gelten die WB und müssen die Segel aus dem Wasser gezogen sein. Nach weiteren drei Minuten ertönt der Startschuß: Die Wettfahrt beginnt. Häufig ertönt zusätzlich eine Minute vor dem Start ein besonderes Signal als Hinweis auf die Geltung der Ein-Minuten-Regel, eine spezielle Segelanweisung, keine Regel der WB. Alle Signale erfolgen optisch (durch Flaggen) und akustisch; im Zweifel haben die optischen Vorrang – jeder Surfer, der Regatta segeln möchte, sollte die nötigen Flaggensignale auswendig lernen; er kann auf dem Brett ja keine Tabelle mit sich führen.

Die Segelanweisungen geben im einzelnen genaue Vorschriften beispielsweise über Bahnverkürzungen oder Abbruch der Wettfahrt bei einschlafendem oder stürmisch auffrischendem Wind, und sie haben die gleiche Verbindlichkeit wie die WB.

Unsere Darstellung richtet sich in der Reihenfolge der Regeln nicht nach den WB, weil diese nach verfahrensrechtlichen Gesichtspunkten geordnet sind, sondern orientieren sich am praktischen Ablauf einer Wettfahrt vom Start bis zum Ziel, um größere Anschaulichkeit für das Lernen zu erreichen. Deshalb sind die Regeln intern numeriert, tragen aber in wichtigen Fällen in Klammern die offizielle Regelnummer zum Nachschlagen in der kompletten Ausgabe der WB. Das reine Regelbuch des DSV über die WB ist für den Anfänger

schwer verständlich. Sehr empfehlenswert ist ein Regelbuch mit Wort- und Bildkommentar*.
Wir haben den Originalwortlaut hier leicht verändert und auf die Segelsurfsprache ausgerichtet: Statt Yacht oder Boot heißt es (Segelsurf-)Brett, statt Großsegel einfach Segel; die Genauigkeit der Aussagen ist aber voll erhalten.

* „Die Wettsegelbestimmungen 1977–1980", Verlag Klasing + Co GmbH, Bielefeld.

Wir stellen unsere Auswahl der WB in sechs Abschnitten dar:

1. **Begriffsbestimmungen**
2. **Grundregeln**
3. **Start**
4. **Kreuz und Runden der Luvmarke**
5. **Raumkurs und Runden der Raummarke**
6. **Zieldurchgang**

1. Begriffsbestimmungen

1.1 Dauer der Wettfahrt
Ein Segelsurfbrett befindet sich in einer Wettfahrt von seinem Vorbereitungssignal an, bis es entweder durchs Ziel gegangen ist oder die Wettfahrt aufgegeben hat oder bis die Wettfahrt aufgehoben, aufgeschoben oder abgebrochen ist.

1.2 Bug
Ein Segelsurfbrett segelt auf ***Backbordbug***, wenn sich das Segel auf seiner Backbordseite befindet (*Steuerbord* entsprechend).

1.3 Am Wind
Ein Segelsurfbrett segelt ***am Wind***, wenn es so hoch wie möglich anliegt, um vorteilhaft aufkreuzen zu können. (Zur Ergänzung: Jeder Kurs, der kein Amwindkurs ist, ist ein raumer Kurs. In diesem Sinn sind ***Raum-*** und ***Vorwindkurs*** identisch.)

1.4 Wenden
Ein Segelsurfbrett ***wendet*** von dem Augenblick an, in dem es durch den Wind gegangen und abgefallen ist; beim Kreuzen bis auf einen Amwindkurs, wenn es nicht kreuzt, bis auf einen Kurs, auf dem sein Segel vollsteht.

1.5 Halsen
Eine ***Halse*** beginnt in dem Augenblick, wenn das Unterliek des Segels bei achterlichem Wind die Mittschiffslinie kreuzt. Sie endet, wenn das Segel auf dem anderen Bug vollsteht.

1.6 Lee – Luv
Die ***Lee***seite eines Segelsurfbrettes ist die Seite, auf der sich das Segel befindet oder, falls es im Wind liegt, sich eben befunden hat. ***Luv*** ist die entgegengesetzte Seite.

1.7 Luven
Luven ist eine Kursänderung höher an den Wind bis in den Wind.

1.8 Klar achteraus
Ein Segelsurfbrett liegt klar achteraus von einem anderen, wenn sich sein Rumpf und seine in normaler Lage befindliche Ausrüstung hinter einer angenommenen Linie befinden, die querab zum achterlichsten Punkt des Rumpfes oder der in normaler Lage befindlichen Ausrüstung des anderen Segelsurfbrettes verläuft. Das andere Segelsurfbrett liegt dann klar voraus.

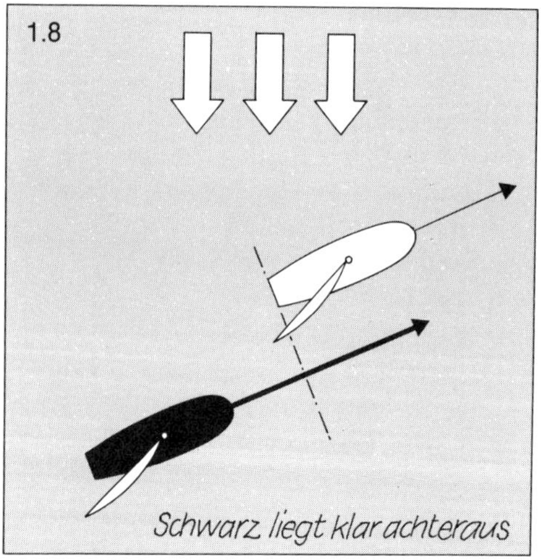

1.9 Überlappen
Segelsurfbretter ***überlappen***, wenn kein Brett klar achteraus liegt oder wenn, obwohl eines achteraus liegt, ein dazwischenliegendes Segelsurfbrett beide überlappt.

1.10 Bahnmarke
Eine Bahnmarke ist jeder in den Segelanweisungen besonders bezeichnete Gegenstand, den ein Segelsurfbrett auf einer vorgeschriebenen Seite runden oder passieren muß (einschließlich Flagge, Flaggenstock, Ankerleine!).

1.11 Regelwidriger Antrieb (***Pumpen*** und ***Schaukeln***)
Ein Segelsurfbrett darf nur durch die natürliche Einwirkung des Windes auf die Segel, die Spieren und das

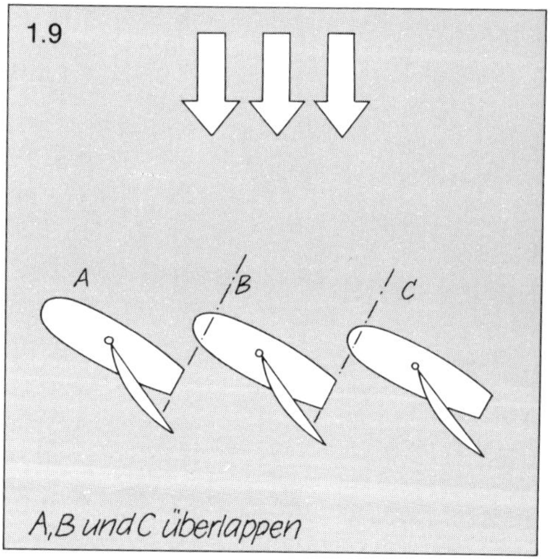

Brett sowie des Wassers auf das Brett angetrieben werden und seine Fahrt nicht durch unnatürliche Mittel verringern (60.1). Dichtholen und Fieren des Segels ist nur bei Surf- oder Gleitbedingungen erlaubt, und zwar auch dann nur einmalig, um ein Brett zum Surfen oder Gleiten zu bringen. Wie-

derholtes Pumpen ist nicht erlaubt (60.2 mit Anhang).
Das gleiche gilt für schaukelartige Bewegungen des Brettes.

2. Grundregeln

2.1 Wegerecht auf Backbordbug
Ein Segelsurfbrett auf Steuerbordbug muß sich von einem Brett auf Backbordbug freihalten.

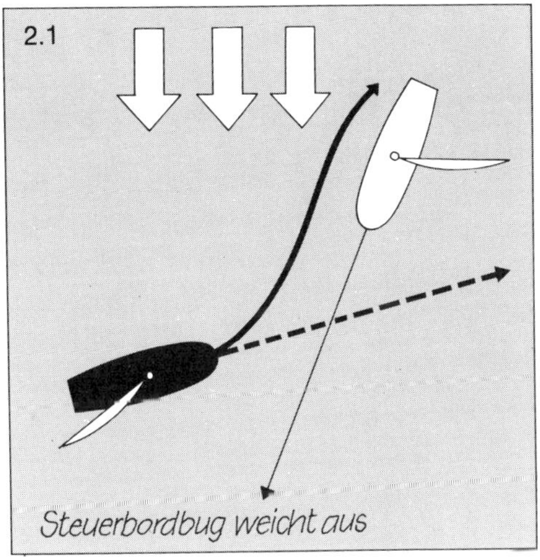

2.2 Lee vor Luv
Ein Luvbrett muß sich von einem Leebrett freihalten.

2.3 Überholer
Ein klar achteraus liegendes Brett muß sich von einem voraus liegenden Brett freihalten, wenn beide auf dem gleichen Bug segeln.

2.4 Manöver
Ein Segelsurfbrett, das wendet oder halst, muß sich von einem Brett, das nicht wendet oder halst, freihalten.

3. Start

3.1 Beginn der Wettfahrt
Eine Wettfahrt beginnt mit dem Vorbereitungssignal (5 oder 3 min vor dem Start). Mit dem Vorbereitungssignal treten die WB in Kraft.

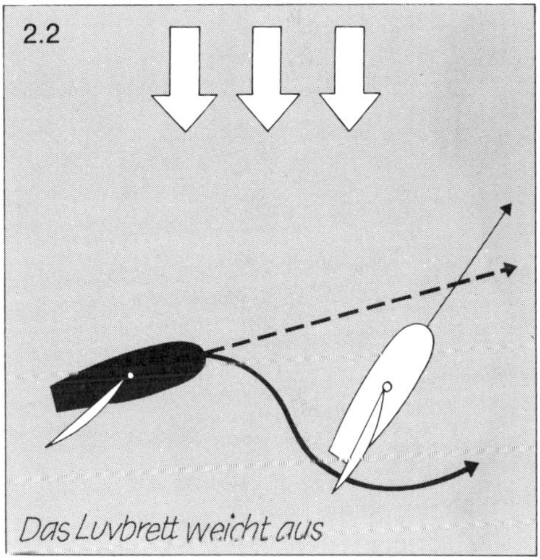

3.2 Start
Ein Segelsurfbrett startet, sobald es nach seinem Startsignal mit irgendeinem Teil seines Rumpfes, seiner Besatzung oder seiner Ausrüstung zum ersten Male die Startlinie in Richtung des Kurses auf die erste Bahnmarke kreuzt, vorausgesetzt, daß es

keine strafweisen Verpflichtungen zu erfüllen hat.

3.3 Reindrängel-Start
An einer Start-Bahnmarke hat ein von Luv kommendes Brett zum Passieren der Linie kein Recht auf Raum. Es darf sich also nicht zwischen Startschiff und dort liegenden Brettern reindrängeln.

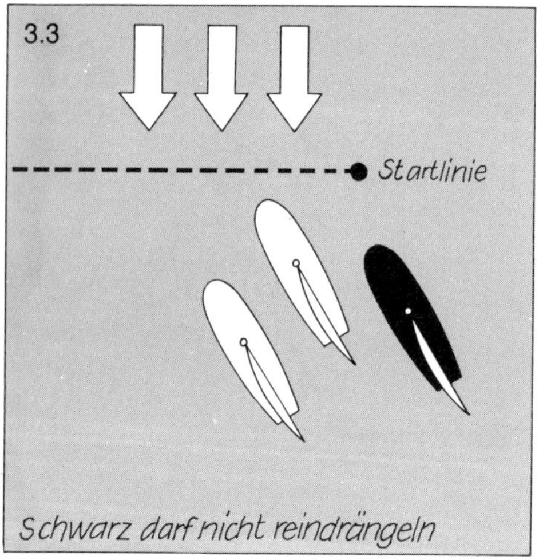

3.4 Frühstart
Ein Segelsurfbrett, das zu früh gestartet ist und zur Startlinie zurückkehrt, um neu zu starten, muß sich von allen anderen Brettern freihalten.

3.5 Ein-Minuten-Regel (Segelanweisung, keine Regel der WB)
Jeder Segelsurfer, der sich in der letzten Minute vor dem Startsignal mit irgendeinem Teil seines Segelsurfbrettes jenseits der Startlinie oder ihrer Verlängerung befindet, muß danach auf die Startseite der Startlinie zurücksegeln, und zwar außen um die Startbojen herum hinter die Startlinie.

4. Kreuz und Runden der Luvmarke

4.1 Berühren einer Bahnmarke
Berührt ein Segelsurfbrett eine Bahnmarke oder rundet es sie auf der falschen Seite, kann es seinen Ausschluß dadurch vermeiden, daß es die Bahnmarke noch einmal vollständig ohne Berührung und auf der richtigen Seite umrundet. Dabei muß es sich von allen anderen Brettern freihalten.

4.2 Runden auf gleichem Bug
Bei Segelsurfbrettern auf gleichem Bug muß dem innenliegenden Brett vom außenliegenden Brett Raum zum Runden gegeben werden.

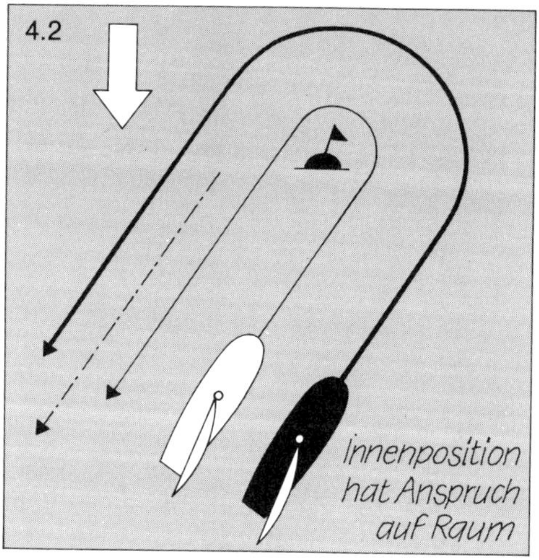

4.3 Runden auf entgegengesetztem Bug
Bei Segelsurfbrettern auf entgegengesetztem Bug hat die Bahnmarke keine Bedeutung. Es gelten die Regeln wie im freien Wasser (siehe 2.1).

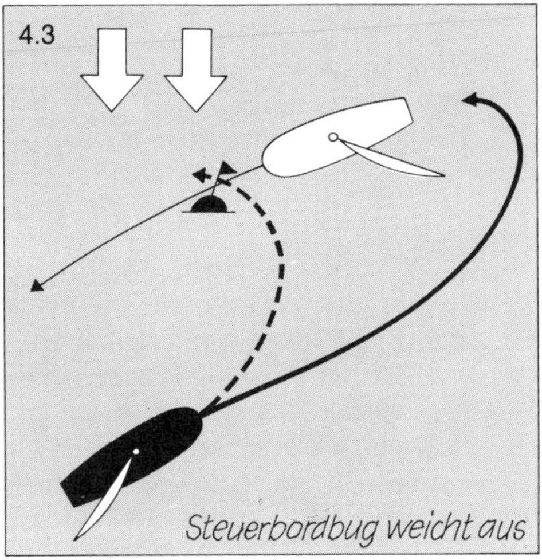

5. Raumkurs und Runden der Raummarke

5.1 Wegerecht auf entgegengesetztem Bug
Liegt ein Segelsurfbrett klar achteraus von einem anderen, so hat das Brett auf Backbordbug Wegerecht.

5.2 Luvrecht – Mast-querab-Position
Segeln zwei Segelsurfbretter auf gleichem Bug, so darf das Leebrett, wenn es klar vorausliegt oder überlappt, nach Belieben luven, solange sich der Steuermann des Luvbrettes achterlich zum Mast des Leebrettes befindet. Ist die Mast-querab-Position erreicht, muß das Leebrett sofort auf den richtigen Kurs abfallen.

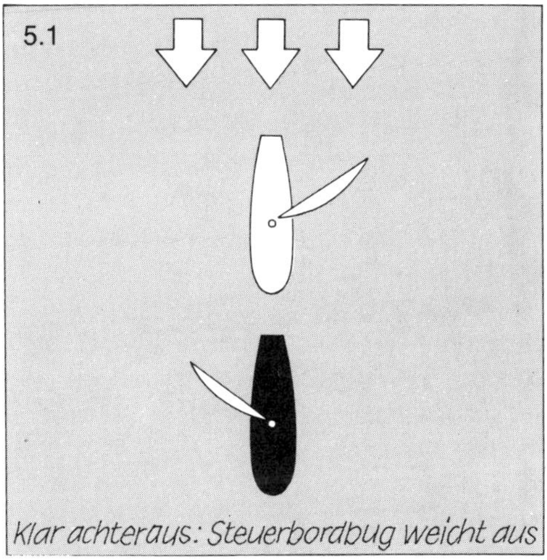

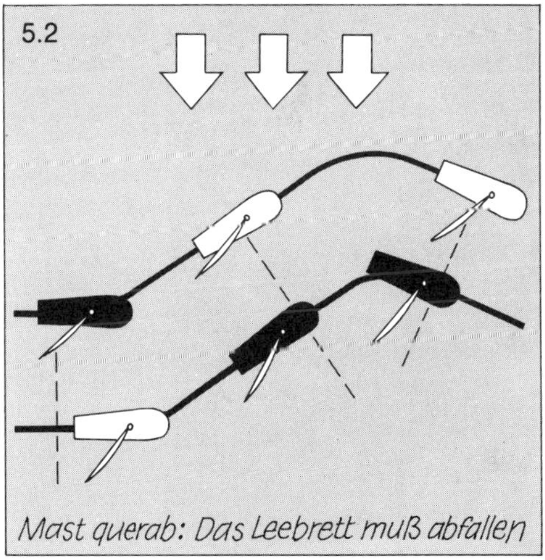

5.3 Runden der Bahnmarke – Zweilängenkreis
Das Runden einer Bahnmarke beginnt, wenn ein Segelsurfbrett mit seinem Bug in einen gedachten Kreis mit der Bahnmarke als Mittelpunkt und einem Halbmesser von zwei Rumpflängen hineinsegelt, und endet, wenn das Brett die Bahnmarke passiert hat.

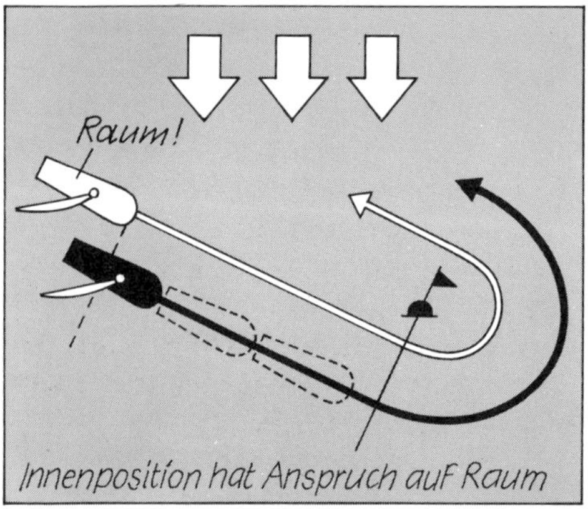

5.4 Innenposition
Stellt ein innenliegendes Segelsurfbrett vor Erreichen des Zweilängenkreises eine Überlappung mit einem außenliegenden Brett her, hat es Recht auf Raum. Dies Recht geht dem Wegerecht eines Backbordbug-Brettes vor.

6. Zieldurchgang

6.1 Ein Segelsurfbrett beendet eine Wettfahrt, wenn irgendein Teil seines Rumpfes oder seiner in normaler Lage befindlichen Ausrüstung die Ziellinie kreuzt, nachdem es alle eventuellen strafweisen Verpflichtungen erfüllt hat.

Runden der Leemarke. 7088 hat Innenposition an der Tonne.

G Wetterkunde

Für einen Segler sind Wetterkenntnis und -beobachtung von großer Bedeutung, und zwar um so mehr, je landferner und länger er segelt. Weniger kurzzeitige Gewitterböen als vielmehr mittelfristige Änderungen des Windes nach Stärke und Richtung müssen in Kurs und Segelführung berücksichtigt werden, will der Segler Gefährdungen vermeiden und seinen geplanten Zielhafen sicher erreichen können.

Geht man vom Normalsurfer aus, der sich nie länger als ein paar Stunden und nie landfern Wind und Wellen aussetzt, dann lassen sich die notwendigen Wetterkenntnisse auf wenige beschränken.

Das Wetter auf der Erde entsteht durch Zusammenwirken von Luftdruck, Temperatur und Luftfeuchtigkeit, wobei die Wärmezufuhr von der Sonne eine entscheidende Rolle spielt. Erdrotation und jahreszeitliche Wechsel können hier außer Betracht bleiben.

Luftdruck: Das Gewicht der Luft lastet auf der Erdoberfläche keinesfalls gleichmäßig, sondern es gibt Zonen höheren Luftdrucks, das Hoch, und solche niedrigen Luftdrucks, das Tief, die teilweise bestimmten Bahnen folgen. Die leicht bewegliche Luft sucht jeden Unterdruck auszufüllen, daher strömt sie immer vom Hoch in das Tief hinein, spiralförmig wie ablaufendes Wasser in den Abfluß der Badewanne, und zwar mit wachsendem Druckunterschied um so heftiger. Eine Druckdifferenz von z. B. 20 Millibar (mb) über einem Gebiet von der Größe der Nordsee erzeugt bereits Wind von 6 Bft.

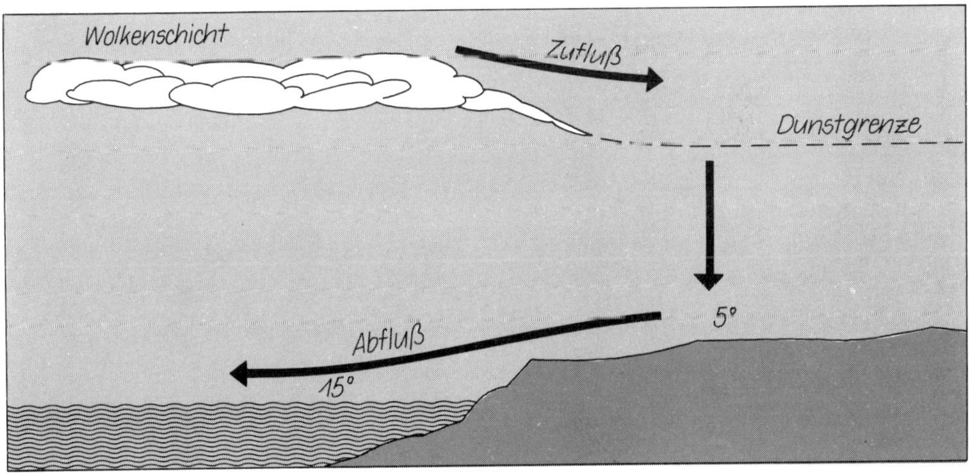

Nachts fließt abgekühlte Luft vom Land aufs Wasser: der Landwind

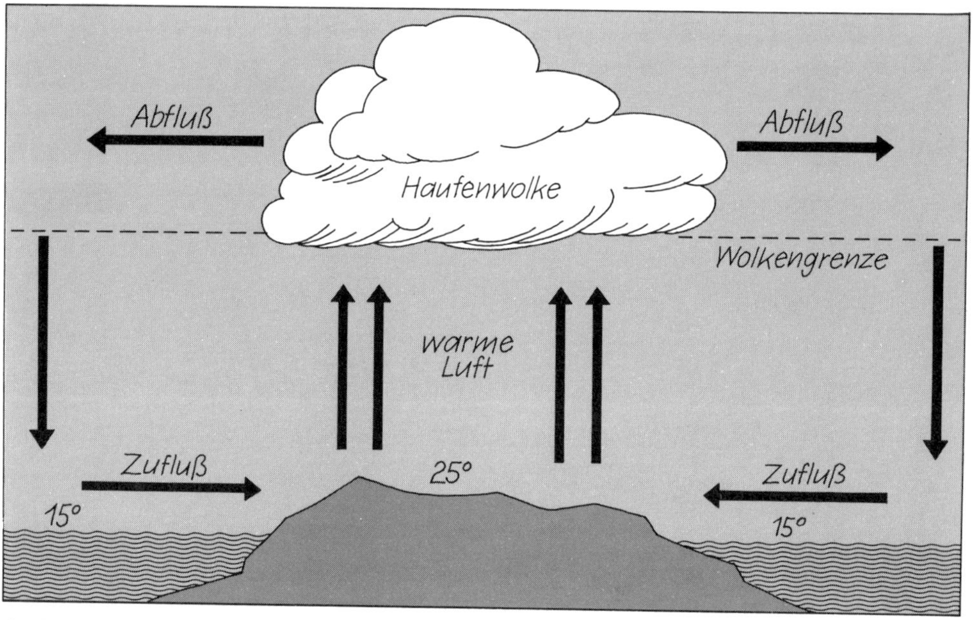

Am Tage steigt die Luft über dem von der Sonne erwärmten Land auf und zieht vom Wasser her kühlere Luft nach: der Seewind

Temperatur: Bei Erwärmung steigt die Luft auf. Nun erwärmt sich z. B. der Erdboden schneller als Wasser. Beginnt morgens die Sonneneinstrahlung zu wirken, steigt die über Land entstehende warme Luft auf, und es zieht von See neue heran; so entsteht bei ausgeglichener Wetterlage an der Küste der ***Seewind (auflandig)***. Er setzt gegen 10 Uhr morgens ein, kann gegen 15 Uhr Bft 5 erreichen und schläft mit sinkender Sonne wieder ein. Mit der nächtlichen Abkühlung des Landes fließt dann die abgekühlte Luft wieder seewärts auf das noch warme Wasser: der ***Landwind (ablandig)***. Diese thermischen Ausgleichswinde sind im Binnenland deutlich stärker als auf See und örtlich je nach Bodenbeschaffenheit (bewaldetes Gelände, offenes sandiges Akkerland) außerordentlich verschieden. Eine große Rolle spielt die Reibung des Windes auf dem Untergrund. Die See bietet trotz Wellengang relativ geringen Reibungswiderstand. Größere Reibung über unruhigem Gelände, besonders über ungleichmäßigem Baumbestand, kleingegliedertem Mittelgebirge, unregelmäßig bebautem Gebiet, erst recht im ausgesprochenen Gebirge, erzeugt eine größere Böigkeit des Windes. Die stoßartigen, heftigen Fallböen von Binnen- und Gebirgsseen kennt der Seesegler nicht.

Einerseits schwächt die Reibung den Wind ab, andererseits verstärken und lenken bestimmte Geländeformen ihn zum Teil sehr stark ab. Anpassung an einen Küstenverlauf, Düseneffekte zwischen hohen Bergen und in Tälern, in Stromtälern, auf langgestreckten Seen sind die Folge. Der Segelsurfer muß daher folgendes beachten:

- Wetteränderungen geschehen im Binnenland und besonders in den Alpen deutlich schneller als im ausgleichenden Seeklima. Auf vielen Binnenrevieren hat man daher am Ufer ***Sturmwarnsysteme*** mit optischen, zum Teil auch akustischen Zeichen eingerichtet:

Vorwarnung = lange Blinkfolge,
dringende Warnung = kurze Blinkfolge.

Spätestens nach der dringenden Warnung ist sofort das nächste Ufer aufzusuchen! Nichtbefolgen kann mit empfindlichen Geldbußen bestraft werden. Auf fremden Revieren hat der Surfer die Pflicht, sich über die örtlichen Wind- und Sturmsignale zu informieren und sie entsprechend zu beachten.

- Der Segelsurfer darf die Gefahren eines ***ablandigen Windes*** auf keinen Fall unterschätzen! Auflandiger Wind treibt ihn immer wieder ans Ufer zurück und erzeugt unruhiges Wasser (was zum Üben schlecht

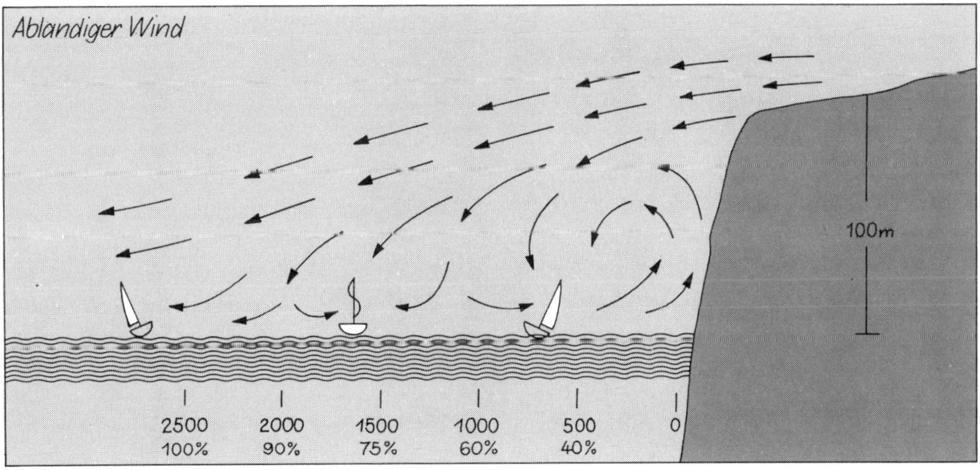

Ablandiger Wind, besonders unter einem Steilufer, fällt erst weiter draußen in voller Stärke aufs Wasser.

geeignet ist). Ablandiger Wind lockt durch das ruhige Wasser unter Land, bringt aber immer die Gefahr des Abtreibens mit sich. Er wird für den Surfer erst dann richtig gefährlich, wenn er auch mit Paddeln das Ufer nicht mehr erreichen kann. Besonders unter Steilufern (Küste!) entwickelt ablandiger Wind erst weiter draußen seine volle Stärke.

Nach Lee blickend, erscheinen Wind und Seegang immer viel harmloser. Blickt der Surfer aber von draußen nach Luv ans Ufer zurück, sieht er auf einmal Schaumkronen und Böen; außerdem bekommt er erst jetzt den vollen Wind zu spüren. Für einen Anfänger liegt die Grenze bei 3 Bft, für einen Fortgeschrittenen verschiebt sich die Grenze lediglich auf 5 bis 6 Bft, ändert aber an der Schwierigkeit nichts.

Daher Vorsicht bei ablandigem Wind! Je höher und geschlossener die Uferabdekkung und je stärker der Wind, um so mehr halte man sich im ruhigen Uferbereich auf. Den herrschenden wahren Wind erkennt man nicht an der Bewegung von Flaggen und Bäumen am Ufer, sondern an Segelbooten draußen auf dem Wasser.

- Wetterhorizont im Auge behalten! Auch auf Binnenrevieren mit ihren schnellen Wetteränderungen sind unmittelbare Wetterverschlechterungen stets am Wolkenbild erkennbar. Deshalb sollte der Surfer immer wieder mal den Blick auf den Horizont, besonders den Westhorizont, werfen; Anhäufung von dunklen Wolken, Aufkommen eines Gewitters können dann nicht mehr überraschen.

- Bei ***Gewitter*** gibt es nur eines: Zurück ans Ufer! Falls dies doch einmal versäumt wird – Ruhe bewahren! Eine Gewitterfront zieht stets von W bis SW nach O bis NO, mit einer Geschwindigkeit von ca. 35 km/h, und zwar durchaus auch gegen die am Boden herrschende Windrichtung. Die erste unmittelbar vor dem Gewitter herlaufende Bö ist noch trocken, bläst aber mit etwa 6 Bft. Ihr folgt die zweite, nasse, eigentliche Gewitterbö, die Sturmstärke erreichen kann und die man wie einen Vorhang über das Wasser heranziehen sieht. Diese Böen können dem Segler gefährlich werden.

Der Surfer kann Sturm und Regen schlimmstenfalls abwettern, indem er mit Geduld und Gelassenheit auf seinem Brett (Rettungsbrett!) liegend, nicht sitzend, um den Blitz nicht anzuziehen, das Rigg im Wasser, die halbe oder dreiviertel Stunde – länger dauert ein Gewitter selten – abwartet und sich treiben läßt.

Dies ist beileibe keine Aufforderung, in Zukunft bei Gewittern draußen zu bleiben, etwa um endlich mal schönen Wind zu haben, sondern eine Anregung, in solcher Situation nicht sofort unüberlegt Notsignale zu geben (in Panik). Wissen über einen solchen Unwetterablauf schafft Sicherheit. Einzige Gefahr ist das Abtreiben, vor allem in ein Fahrwasser der (See-)Schiffahrt. Kann der geübte Surfer im frischen Nach-Gewitter-Wind das Ufer doch nicht mehr erreichen, werden zu dem Zeitpunkt seine Notsignale viel besser gesehen als während des Gewitters.

- Sturmwarnungssignale beachten! Ba-

Windwarnung:
Bft 6–7

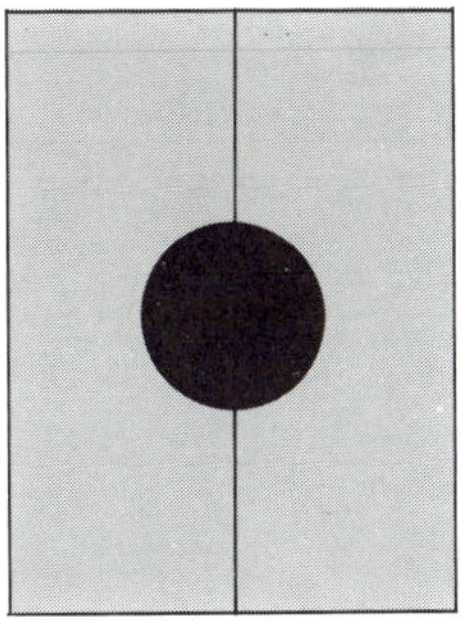

Dieser Signalmast einer
Sturmwarnungsstelle zeigt an:
Sturm aus SW
rechtsdrehend

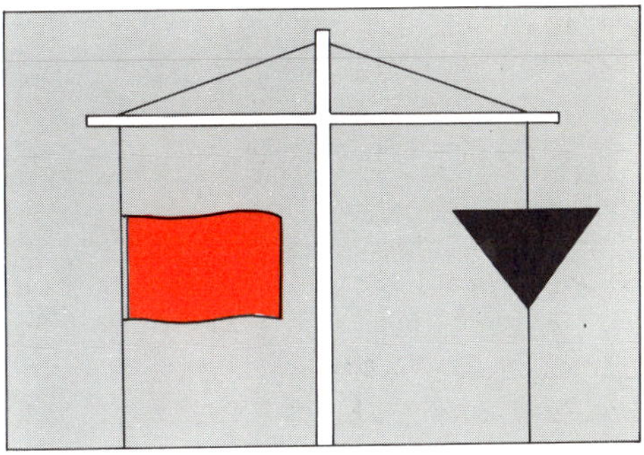

Sturmwarnung:
Bft 8 und mehr

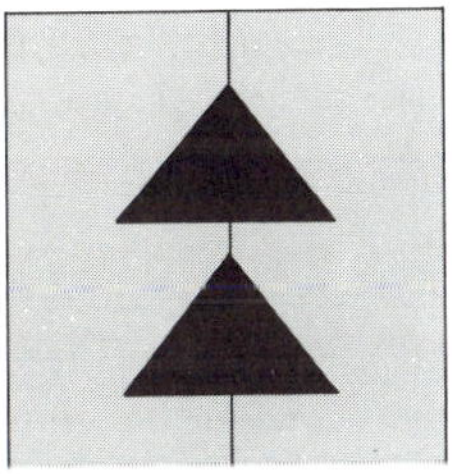

Sturm aus NO

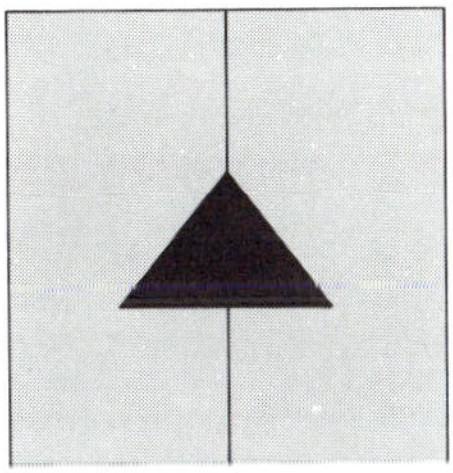

Sturm aus NW

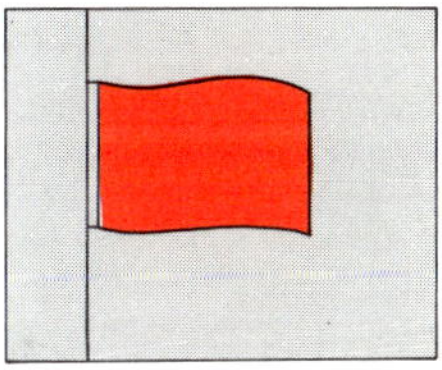

Der Wind dreht rechts:
N – O – S – W

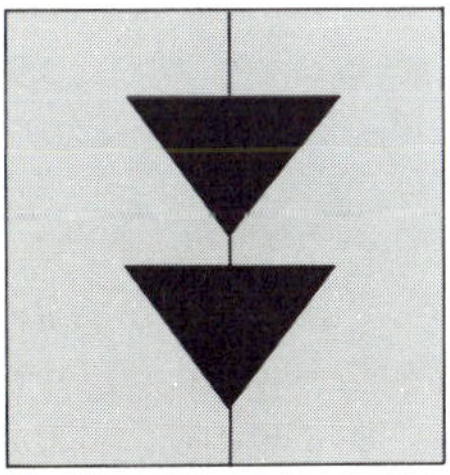

Sturm aus SO

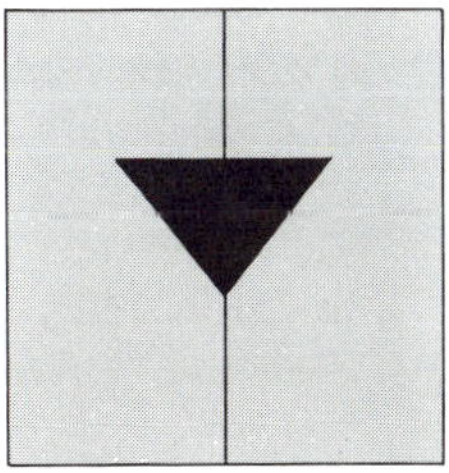

Sturm aus SW

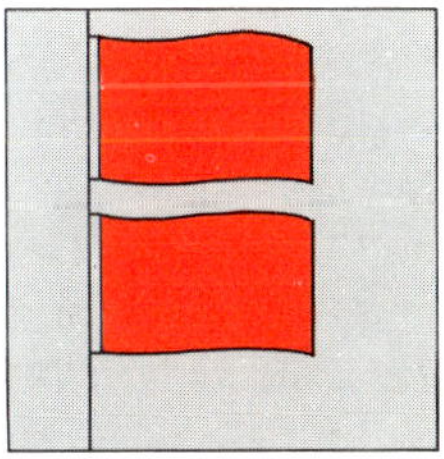

Der Wind dreht links:
N – W – S – O

deverbotszeichen der DLRG oder Wasserwacht beziehen sich immer auf starke Brandung, ablaufendes Wasser im Tidengebiet und geben dem Surfer keine Informationen über den Wind.

Bei Gefahr von Starkwind geben die meteorologischen Institute Warnungen heraus, die außer in den Wetterberichten des Rundfunks auch an bestimmten Sturmwarnungsstellen entlang der gesamten Küste ausgehängt werden (an der Ostsee z. B in Flensburg, Eckernförde, Kiel-Friedrichsort und Bülk, Travemünde, Lübeck). Eine ***Windwarnung*** bedeutet Bft 7, eine ***Sturmwarnung*** Bft 8 und mehr.

● Jeder Surfer sollte sich vor dem Start einen Wetterbericht im Postansagedienst (1164) oder im Rundfunk (Fernsehen) anhören, auch wenn er allgemein gehalten und nicht auf die speziellen Bedürfnisse des Seglers zugeschnitten ist. Die „Vorhersage" gilt für die nächsten zwölf Stunden, die „weiteren Aussichten" für weitere zwölf Stunden. Auch Wind- und Sturmwarnungen erfährt man hier. Viele Sender strahlen im Sommer regelmäßig einen Urlaubswetterbericht für ihr Gebiet aus, zum Teil mit Informationen für Segler.

Für den Seesegler gibt es Seewetterberichte (Radio Norddeich, Kiel, Rügen) mit sehr genauen Angaben über Wetterlage und -entwicklung sowie Stationsmeldungen von der ganzen deutschen Nord- und Ostseeküste über Windrichtung und -stärke, Sicht, Temperaturen usw., langsam gesprochen zum Mitschreiben. Langstreckensurfer an der See sollten zur Planung ihrer Tour unbedingt einen Seewetterbericht hören. Neuerdings gibt es bei uns zulande auch einen Seewetterbericht für das mittlere und westliche Mittelmeer (Deutsche Welle, 31-m-Band 9545 kHz und 49-m-Band 6075 kHz; montags bis freitags von 14.48 bis 14.59 MEZ im Rahmen des Europa-Reisedienstes – also nur während der Reisezeit).

Amtliche Wetterkarten werden arbeitstäglich vom Deutschen Wetterdienst herausgegeben; sie erstrecken sich auf Europa und den Nordatlantik bis zur Ostküste des amerikanischen Kontinents. Man kann daraus die Lage der Hochs und Tiefs, der Warm- und Kaltfronten, Windstärken und -richtungen und viele weitere Details des Wettergeschehens in genauen Zahlen (Temperatur) oder Begriffen (gute Sicht) ablesen, so wie sie von den Tausenden von Wetterstationen täglich gemessen werden. Außerdem enthalten sie eine verbale Darstellung der Großwetterlage sowie Vorhersage und weitere Aussichten für ein begrenztes Gebiet. Die für den Segler, also auch für den Surfer, wichtigste Information: die Windvorhersage. Diese Wetterkarten – sie hängen in jedem Hafenamt aus – sind ohne besondere Vorkenntnisse zu lesen, mit Hilfe der ausführlichen Zeichenerklärung am Fuß der Karte.

STICHWORTVERZEICHNIS

Abkürzungen

Bft	Beaufort (Windstärke)
BinSchStrO	Binnenschiffahrtstraßen-Ordnung
DSV	Deutscher Segler-Verband
IWCA (ehem. IWA)	International Windsurfing Class Association
IYRU	International Yacht Racing Union
SeeSchStrO	Seeschiffahrtstraßen-Ordnung
SeeStrO	Seestraßenordnung
SSS	Segelsurfschein (des DSV)
VDWS	Verband Deutscher Windsurfing-Schulen
WB	Wettsegelbestimmungen der IYRU
WS	Windsurfing, -er

Bücher für's Regattasurfen

Rainer Gutjahr

DAS IST REGATTASURFEN

Früher oder später werden Sie bestimmt auch Lust bekommen, Ihr Können mit Freunden und anderen Gleichgesinnten zu messen. Dann ist der Weg zum organisierten Regattasurfen nicht mehr weit. Ausrüstung und Vorbereitung dafür, Trimm und Training, der Start, das Surfen auf den drei Bahnschenkeln, der Zieldurchgang, die technische Durchführung einer Regatta, das Bewertungssystem, die Taktik gegenüber Konkurrenten, die Grundregeln der Wettsegelbestimmungen – alles, was an technischem und taktischem Wissen und Können dazugehört, ist in diesem Buch in anschaulicher und lebendiger Form beschrieben. Der Autor ist ein erfahrener Regattasurfer, der seine Kenntnisse freimütig weitergibt. Profitieren Sie davon, wenn Sie Spaß am Wettkampf bekommen.

128 Seiten mit 101 Fotos und 78 Zeichnungen, farbiger Einband

WETTFAHRTREGELN IN BILDERN

Dieses Buch erklärt diejenigen Regeln der internationalen Wettsegelbestimmungen, die man schon für das erste Absegeln der Bahn kennen muß. Es überträgt sie in einfache zeichnerische Darstellungen und macht dadurch das an sich etwas komplizierte Thema übersichtlich und leicht durchschaubar. Die Regeln sind umrahmt von kurzen Abschnitten über die Begriffsbestimmungen und über Proteste. Außerdem enthält das Buch den deutschen Wortlaut der Wettsegelbestimmungen mit den Zusatzbestimmungen des DSV.

104 Seiten mit 77 Zeichnungen, broschiert

VERLAG DELIUS KLASING, BIELEFELD